U0927511

本书由
中央高校建设世界一流大学（学科）
和特色发展引导专项资金
资助

中南财经政法大学“双一流”建设文库

创｜新｜治｜理｜系｜列｜

政府会计监管研究

温 倩 著

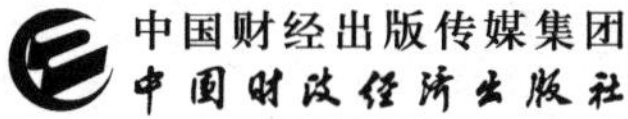

中国财经出版传媒集团
中国财政经济出版社

图书在版编目（CIP）数据

政府会计监管研究／温倩著．--北京：中国财政经济出版社，2019.12
（中南财经政法大学“双一流”建设文库．创新治理系列）
ISBN 978-7-5095-9323-3

Ⅰ.①政…　Ⅱ.①温…　Ⅲ.①会计检查－政府管制－研究－中国　Ⅳ.①F231.6

中国版本图书馆CIP数据核字（2019）第232926号

责任编辑：王艳红　　　　责任校对：张　凡
封面设计：陈宇琰

政府会计监管研究
ZHENGFU KUAIJI JIANGUAN YANJIU
中国财政经济出版社 出版

URL：http：//www.cfeph.cn
E-mail：cfeph@cfemg.cn

社址：北京市海淀区阜成路甲28号　邮政编码：100142
营销中心电话：010-88191537
北京财经印刷厂印装　各地新华书店经销
787×1092毫米　16开　9.25印张　150 000字
2019年12月第1版　2019年12月北京第1次印刷
定价：42.00元
ISBN 978-7-5095-9323-3
（图书出现印装问题，本社负责调换）
本社质量投诉电话：010-88190744
打击盗版举报热线：010-88191661　QQ：2242791300

总　序

“中南财经政法大学‘双一流’建设文库”是中南财经政法大学组织出版的系列学术丛书，是学校“双一流”建设的特色项目和重要学术成果的展现。

中南财经政法大学源起于1948年以邓小平为第一书记的中共中央中原局在挺进中原、解放全中国的革命烽烟中创建的中原大学。1953年，以中原大学财经学院、政法学院为基础，荟萃中南地区多所高等院校的财经、政法系科与学术精英，成立中南财经学院和中南政法学院。之后学校历经湖北大学、湖北财经专科学校、湖北财经学院、复建中南政法学院、中南财经大学的发展时期。2000年5月26日，同根同源的中南财经大学与中南政法学院合并组建“中南财经政法大学”，成为一所财经、政法“强强联合”的人文社科类高校。2005年，学校入选国家“211工程”重点建设高校；2011年，学校入选国家“985工程优势学科创新平台”项目重点建设高校；2017年，学校入选世界一流大学和一流学科（简称“双一流”）建设高校。70年来，中南财经政法大学与新中国同呼吸、共命运，奋勇投身于中华民族从自强独立走向民主富强的复兴征程，参与缔造了新中国高等财经、政法教育从创立到繁荣的学科历史。

“板凳要坐十年冷，文章不写一句空”，作为一所传承红色基因的人文社科大学，中南财经政法大学将范文澜和潘梓年等前贤们坚守的马克思主义革命学风和严谨务实的学术品格内化为学术文化基因。学校继承优良学术传统，深入推进师德师风建设，改革完善人才引育机制，营造风清气正的学术氛围，为人才辈出提供良好的学术环境。入选“双一流”建设高校，是党和国家对学校70年办学历史、办学成就和办学特色的充分认可。“中南大”人不忘初心，牢记使命，以立德树人为根本，以“中国特色、世界一流”为核心，坚持内涵发展，“双一流”建设取得显著进步：学科体系不断健全，人才体系初步成型，师资队伍不断壮大，研究水平和创新能力不断提高，现代大学治理体系不断完善，国际交流合作优化升级，综合实力和核心竞争力显著提升，为在2048年建校百年时，实现主干学科跻身世界一流学科行列的发展愿景打下了坚实根基。

“当代中国正经历着我国历史上最为广泛而深刻的社会变革，也正在进行着人类历史上最为宏大而独特的实践创新”，“这是一个需要理论而且一定能够产生理论的时代，这是一个需要思想而且一定能够产生思想的时代”①。坚持和发展中国特色社会主义，统筹推进“五位一体”总体布局和协调推进“四个全面”战略布局，实现“两个一百年”奋斗目标、实现中华民族伟大复兴的中国梦，需要构建中国特色哲学社会科学体系。市场经济就是法治经济，法学和经济学是哲学社会科学的重要支撑学科，是新时代构建中国特色哲学社会科学体系的着力点、着重点。法学与经济学交叉融合成为哲学社会科学创新发展的重要动力，也为塑造中国学术自主性提供了重大机遇。学校坚持财经政法融通的办学定位和学科学术发展战略，“双一流”建设以来，以“法与经济学科群”为引领，以构建中国特色法学和经济学学科、学术、话语体系为己任，立足新时代中国特色社会主义伟大实践，发掘中国传统经济思想、法律文化智慧，提炼中国经济发展与法治实践经验，推动马克思主义法学和经济学中国化、现代化、国际化，产出了一批高质量的研究成果，“中南财经政法大学‘双一流’建设文库”即为其中部分学术成果的展现。

文库首批遴选、出版二百余册专著，以区域发展、长江经济带、“一带一路”、创新治理、中国经济发展、贸易冲突、全球治理、数字经济、文化传承、生态文明等十个主题系列呈现，通过问题导向、概念共享，探寻中华文明生生不息的内在复杂性与合理性，阐释新时代中国经济、法治成就与自信，展望人类命运共同体构建过程中所呈现的新生态体系，为解决全球经济、法治问题提供创新性思路和方案，进一步促进财经政法融合发展、范式更新。本文库的著者有德高望重的学科开拓者、奠基人，有风华正茂的学术带头人和领军人物，亦有崭露头角的青年一代，老中青学者秉持家国情怀，述学立论、建言献策，彰显“中南大”经世济民的学术底蕴和薪火相传的人才体系。放眼未来、走向世界，我们以习近平新时代中国特色社会主义思想为指导，砥砺前行，凝心聚

① 习近平：《在哲学社会科学工作座谈会上的讲话》，2016年5月17日。

力推进“双一流”加快建设、特色建设、高质量建设，开创“中南学派”，以中国理论、中国实践引领法学和经济学研究的国际前沿，为世界经济发展、法治建设做出卓越贡献。为此，我们将积极回应社会发展出现的新问题、新趋势，不断推出新的主题系列，以增强文库的开放性和丰富性。

“中南财经政法大学‘双一流’建设文库”的出版工作是一个系统工程，它的推进得到相关学院和出版单位的鼎力支持，学者们精益求精、数易其稿，付出极大辛劳。在此，我们向所有作者以及参与编纂工作的同志们致以诚挚的谢意！

因时间所囿，不妥之处还恳请广大读者和同行包涵、指正！

中南财经政法大学校长 杨灿明

目　录

导 论

一、研究背景、问题与意义

（一）研究背景

会计监管这一术语既是新概念又是个老话题，各国经济发展的历史演进表明，会计信息市场的失灵严重影响市场经济的健康发展。会计信息符合经济学上的公共物品特征，会计信息的外部性和分布不对称性又将导致会计信息产生的数量和质量达不到符合社会福利最大化的数量和质量要求，进而存在自身无法克服和消除的障碍。于是，会计监管问题引起了人们的广泛重视。理论研究和经验证据都表明，会计信息质量的提高有助于降低公司的资本成本，减少投资者的估值风险和改善资源的配置效率。Bushman 和 Smith①（2001）指出，高质量的会计信息系统能够促进经济运行的绩效，在强化公司治理、投资导向和减缓信息不对称等方面发挥巨大作用。长期以来，学术界将“会计信息”看作会计监管体系的最终产出，从经济后果、技术、制度程序等层面进行不懈的研究。在我国，政府部门一直是会计监管的主要力量，伴随着证券市场和上市公司的出现、发展和壮大，我国政府会计监管也经历了从简单到复杂、从孤立分散到渐成体系、从个体发展到国际协调的演变过程，一路走来完成了西方发达国家上百年会计监管的兴衰更替。可以看到，我国和西方国家的政府会计监管依循的是不同路径。演化至今，西方国家强化了政府在会计监管中的地位和作用，而我国政府虽然没有淡出会计监管，但监管的手段和形式正在转化中，逐步给予上市公司更大的可选择范围。由此可见，不同国家在特定发展阶段，采取的特定会计监管方式和手段，是各国政府基于自身的能力和认识水平、本国

① Bushman, R. M., Smith, A. J., Financial Accounting Information and Corporate Governance. *Journal of Accounting and Economics*, vol. 32 (April 2001).

经济发展状况以及非政府监管主体的力量等因素综合考量的结果。但即便是美国这样的经济大国和强国，积累了八十多年的资本市场监管经验，也仍然频现上市公司财务欺诈和舞弊丑闻。西方发达国家在公司治理、会计和审计制度建设上相对完善和成熟，但上市公司的会计信息质量始终是需共同面对并解决的问题。由此引出的会计监管失灵话题更是保持了长期的热度。企业财务造假现象在世界各国都难以杜绝，其中不乏具有知名度的企业犯案，特别是持续多年的财务造假更是政府会计监管要面临的一大挑战，关键在于问题曝光后如何严惩和严肃问责，而更深层次的反思则关乎监管体系的制度等基础设施建设以及执行层面的效率效果。西方发达国家资本市场的会计监管仍然需要进一步完善，我国的政府会计监管体系也要继续改进和健全。频频爆出的财务欺诈丑闻对本国乃至国际社会造成的巨大震动，人们产生了对会计监管是否有效的广泛质疑，会计监管的持续改进和完善要求被日益推高。2008 年的全球金融危机也激发了政府以及国际合作组织对会计监管有效性的反思，各国均表达了加强本国国内会计监管，提倡国际会计监管合作的呼声。

当前，我国经济正处于由高速发展转向高质量发展的转型期，同时面临贸易纠纷持续和全球经济增长的不确定性。在外部不确定性增多、国内经济下行压力增大的挑战下，监管层严查上市公司财务造假、信息披露违规等行为，为资本市场稳健运行构筑了一道风险管控防线，以防范化解高速发展时期积累的风险。上市公司信息披露制度是资本市场重要的核心制度基石，而信息披露是建立在会计基础之上的。基于上市公司财务报告展开的监管也成为监管层的监管落脚点，一旦发现财务数据逻辑冲突，或财务数据与客观经济规律难以印证，就能以此为突破口，揭露企业刻意隐藏的事项或问题。近年来，我国按照国际趋同的合理步调与节奏修改了一系列会计准则，切实提升了会计准则在规范上市公司会计信息质量方面的作用。虽然总体来看，上市公司执行企业会计准则及相关信息披露规则质量较好，但仍暴露出部分上市公司人为调节利润（如构造交易以虚增利润，或利用关联方交易、会计变更、合并范围、业绩“大洗澡”等调节利润），资产负债核算异常（如“存贷双高”、隐瞒资金被占用、大额预付账款、商誉减值计提随意等）现象并未杜绝，成为资本市场健康发展的隐患。因此，监管层对信息披露违规展现出零容忍态度，而我国政府会计监管经历了这些年的演进变化，特别是会计准则国际趋同引发的制度变迁，会计监管的效果如何？迄今为止，对政府会计监管问题的研究远未成熟，比如会计监管的导向、会计监管实施的效果评价等更深层次的理论分析还不多，这必然影响到会计监管理论的完整性。进而，政府会计监管的实施效果等相关问题更应从经济学、会计学、法学、政治学等理论和实务领域展开持续思考和探讨。特别是，诸如会计准则与披露规范的变革，会计相关法律制度的变迁等带来的政府会计监管政策和措施的实施效果到底怎么样？政府会计监管能否有效提高上市公司的会计信息质量？政府会计监管预期目标的实现和改革的预期效果会不会因为经济环境和特定的制度因素改变而被削弱？政府会计监管是否存在合理水平和适度界限？伴随各行各业与互联网技术的融合进一步加深，会计监管的技术迭代应处于什么水平？监管技术手段的革新能否提升监管效率和效果，从而打破原有信息技术条件下对会计监管的认知？这些问题都急需进行系统合理的分析论证。

（二）研究问题

公司是否应该对外披露信息？如果披露的话，披露的信息类型和数量又如何确定呢？尽管对信息披露的监管一直以来存在争论，但很显然，到目前为止不同国家或地区在信息披露监管的内容上并没有形成一致看法，而实际的监管要求也有很大差异。而随着新兴资本市场所在国家的监管机构迫切需要明确披露要求，不同国家的资本市场互相协调披露要求的进程不断发展，上述披露监管的争论显得更加重要。在此背景下，政府会计监管对市场效率和公平的维护，对会计信息加工、审计及披露行为进行约束显得尤为重要。

然而，低效或无效的政府会计监管不但无法帮助会计信息市场克服其自身缺陷，反而会加剧市场失灵，使得会计秩序愈加混乱，增加公司治理主体决策的不确定性。本书将在政府会计监管已有研究基础上，从政府会计监管模式的选择，监管效果的理论分析和经验检验等方面展开研究。具体来说，本书主要解决以下三个问题。

第一，政府会计监管是否存在合理水平和适度界限。政府会计监管能弥补会计信息公共物品的缺陷，降低会计信息分布的不对称性，控制会计信息的经济后果，联接委托代理链条的正常运转，也是促进会计发展和变革的有力推手，尤其在经济转型时期发挥着特殊的作用。然而，政府的决策通常滞后于变化中的经济现实。政府监管也不能避免外部性；政府垄断会计规范的制定权，在权力无约束，缺乏竞争和激励，监管者内部存在摩擦和协调成本的情况下，政府监管的效率难免低下；且政府监管目标的多重取向易导致政府角色的冲突。我们进一步尝试从理论分析的角度，发现政府会计监管的合理水平和适度界限。建立在政府会计监管社会成本和收益分析基础上的成本收益模型指出，随着监管机制的完善，监管的社会收益开始显现，会计信息市场缺陷得以有效弥补，会计信息质量提高，监管社会成本逐步下降，而社会收益逐步增加，达到最大的成本收益差，此时会计监管的效果最佳。基于完全信息静态监管博弈模型的推导表明，监管机构和被监管者之间的行为选择取决于监管成本、违规惩戒的罚款、被监管者的预期收入和损失等因素，可以为政府会计监管决策提供重要参考价值。

第二，如何评判不同会计监管模式的利弊。目前世界范围内的主要会计监管模式有三种，即政府主导型监管模式、政府引导下的行业自律监管模式和独立机构监管模式。政府主导型监管模式，顾名思义，即政府部门直接承担会计市场监管重担，会计职业团体等行业组织只施行辅助性监管。该模式的优点是会计监管具有法律赋予的强制性和权威性，能高效地发挥作用，更好地维护中小投资者的利益；缺点是会计监管效率不高，而监管的社会成本较高，政府部门容易被“俘获”，损害整个社会的公众福利。在政府引导下的行业自律监管模式中，政府监管部门的职责主要是授权会计职业团体，由后者负责对会计市场的主体进行调节、引导和控制。该模式的优点是监管机制具备较大的灵活性，提高了会计监管的效率，专业知识较高、实务经验丰富的执业人员参与监管活动，可以显著节约社会监管成本，有利于行业间竞争意识的提升；缺点是民间职业团体的独立性受限，不能充分保障会计信息提供的质量，且民间职业团体监管地位的权威性不够，缺乏统一的专门立法支撑，容易导致监管手段较软弱，监管力度不足。在独立机构监管模式下，一个独立于政府和会计职业团体的专设机构负责对会计行业进行监管。该模式综合了政府主导型监管模式和行业自律监管模式的特点和优势，如政府与行业自律适度统一，既保证了监管的权威性，实现了会计信息市场运行的效率和公平目标，又由具有广泛代表性的独立机构实施监管，防止了政府集中监管下的“政府失灵”问题；缺点是机构内成员普遍维护自身集团的利益，达成共识需要进行大量的沟通协调。

第三，如何评价政府会计监管的效果。监管主体的独立性、监管决策和行为的透明度以及监管成本和收益权衡等都可以成为政府会计监管效果的评价角度，但确定一个具体的衡量标准时则要慎重，查处违规案例越多印证了监管的无效而不是有效；从共性的角度来看，无论是会计信息失真的数量，还是政府会计监管部门查处的违规数量，一定程度上衡量的都是会计准则的执行效果。会计准则的执行效果应能比较契合地反映政府会计监管的效果。我国 2006 年发布的会计准则体系实现与国际趋同的目标是为了获得高质量的会计信息。而作为财务报告重要质量特征的会计稳健性能同时满足会计准则制定层面和会计监管层面的需求。当前，在外部不确定性增多、国内经济下行压力增大，企业经营面临“黑天鹅”或“灰犀牛”等各类风险的境况下，会计稳健性有效地缓和了风险冲击，能作为会计信息真实性所必需的底层质量特征，也更有利于企业实现可持续发展的经营目标。因而我们从会计准则变迁的视角检验我国上市公司会计盈余稳健性特质的变化，以便为评判政府会计监管效果提供初步证据。

（三）研究意义

本书的研究在理论和实践中都具有重要意义，具体体现在以下几个方面：

第一，引入利益集团理论拓宽政府会计监管的理论基础。公共利益理论强调会计监管代表社会公众福利要求，能大公无私地纠正某些社会个体和组织的不公正、不公平行为；同时也是缓解或清除市场失灵的必要手段。然而，“公共利益”概念的模糊性，监管过程的复杂性，监管主体的有限理性，使得监管机构的出发点很可能具有自利倾向，况且政府监管本身存在成本，由政府监管带来的福利损失和成本可能大于市场失灵的成本。基于理论构建的过于抽象和理想化，公共利益理论不能完全解释、评价和指导会计监管政策的制定。而俘获理论从监管实践和实证研究成果出发，更关注监管制度及其实施的公正性和独立性，考察监管机构的主观动机和客观行为。但是由于先天的理论基础薄弱，对会计监管的供给和政府监管行为异化解释不够。源自政治经济学理论的利益集团理论，相比前两种理论，能更好地预测监管是否真正起作用，对监管的各种问题给出现实的回答和解决办法。比如会计规范的制定颁布是政治程序的产物，不是精确经济运算的结果；而衡量一项准则是否成功的标准取决于不同利益集团支持及遵循的程度，不完全在于其理论意义。

第二，提炼不同国家政府会计监管变迁的经验为我国监管模式改进提供借鉴。政府会计监管是一个实践命题，需要将不同国家政府会计监管的具体实践进行梳理，抽象掉种种差异并在此基础上完成对政府会计监管实践的总结。美国、英国和日本等国的政府会计监管的变迁历史表明，多数时候会计监管变迁的直接目的是为了纠错和改进，会计监管的演进总是落后于会计实务的创新；政府是主导和推动会计监管变迁的主要力量，而且会计监管的变迁总伴随着会计准则制定模式的变革，政府监管与行业自律模式的结合，以及实现的方式和程度，包括机构和制度设计等，还取决于各国的社会制度和意识形态等多方面因素的综合影响。也许各国政府会计监管的最终实现路径各不相同，某个国家成功的会计监管经验，不一定适用于他国，但目标和归结点是相似的。我国政府会计监管的发展历程涵盖了四个时期：初创时期、确立时期、改革创新时期和发展完善时期。目前，我国政府会计监管的会计法律法规体系基本形成，会计准则的变革已成为政府加强监管的重要表现和手段之一。经过这些年的发展变化，我国政府会计监管模式既体现出类似于各国政府监管模式的特点，如强调政府监管的必要性，又兼顾了中国特色会计环境的独特要求。这既促进了政府监管作用的发挥，又在某些方面制约着政府监管的效果。

第三，评价政府会计监管的效果为会计监管政策的完善提供参考。基于会计监管的特性，会计准则可作为政府会计监管的意志表达和基准。政府主导是我国会计准则的制定模式，会计准则是政府监管的制度安排。因此，我国会计准则的制定不完全是各方博弈的结果。会计准则的制定过程对会计准则质量和执行效果有不可忽视的重大影响。同时，为了顺应经济和资本市场全球化的要求，实现我国企业“走出去”参与国际竞争，国外企业“走进来”开拓中国市场的良性竞争，及国际社会对我国市场经济地位的认可，以便融入全球经济，我国迈入了会计准则国际趋同的进程。但是，我国长期实行的会计制度是规则性导向的会计标准，会计人员运用原则导向的会计准则所必需的职业判断能力和素养还有待提高，企业还是普遍地表现出对国际趋同的会计准则不太适应。因此，我国准则制定机构和监管机构要从国情出发，在保留现有的有效做法的基础上，同时对国际先进经验加以选择和借鉴。在原则导向的国际会计准则基础上，补充适用于国内实务的、更详细的、会计准则应用指南和案例指引，这样既可以体现对会计准则选择的主动权，也有利于降低会计准则的执行成本，帮助上市公司不断提高对会计准则的理解和应用水平，稳妥做好会计信息披露，维护国家经济利益。

二、基本概念界定

（一）监管

监管（Regulation）是个富有争议的概念，目前比较具有代表性的观点如下：

Stone 认为："监管是国家动用行政强制力对市场经济中的个体自身的自主决策行为施行的限制[①]。" Kahn 认为："监管的本质在于以政府命令为主的基本制度手段取代市场自发的竞争机制，从而达到一个比市场自身更好的经济结果[②]。" 斯蒂伯格勒认为："监管是政府利用法规和市场激励机制的改造来实行对企业的行为和生产经营决策的控制，一旦某个行业主导了监管规则，监管就为此行业的利益而运行[③]。" 植草益认为："监管是政府为解决市场机制存在的问题，而采取措施影响市场主体活动的行为，监管是政府调节和改善市场经济的一种制度安排[④]。" 史普博认为："监管是由行政机构制定并执行的机制或规则，它既可以直接干预市场的资源配置，也可以间接影响厂商和消费者之间的供需决策和行为[⑤]。" 综上可知，监管是政府通过制定规章对市场主体的经济活动进行强制性的干预。监管通过正式的约束规则，规范市场参与者的行为，解决市场机制存在的问题，但监管也可能最终被某个行业所"俘获"。

（二）会计监管

国内研究中的"会计监管"一词的使用受《中国会计学会"九五"科研规划》的影响较大，该规划中曾提到，"加强对会计信息质量及会计信息利用、会计监管以及会计人员管理体制等相关问题的研究。" 不过，有关会计监管的内涵还未达成一致。比如，"监督管理论"的倡导者是张俊民（2000）、于玉林（2004）等学者。张俊民（2000）提出："会计监管是对企业经营活动及结果采取会计检查和控制手段进行的监督管理；既包括企业会计人员在会计工作中对本企业经营活动及结果的监督管理，也包括各类利害关系人，如投资者、债权人、各级行政管理机构等监督管理企业的会计工作及结果[⑥]。" 于玉林（2004）也指出："会计监管就是会计管理组织采用一定手段对企业资金活动和会计事务活动进行的以监督为核心的管理行为[⑦]。" "监管干预论"的代表人物有夏冬林等（1995）、阎达五等（2002）、徐经长（2002）和潘立新（2006）等学者。夏冬林等（1995）指出："会计监管是政府直接或间接地介入企业会计行为，并对

---

① Stone Alan. *Regulation and Its Alternatives*. Congressional Quarterly Press, 1982, p. 5.
② Kahn A. E. *The Economics of Regulation*: *Principles and Institutions*. John Wiley and Sons, 1970, p. 3.
③ 乔治·斯蒂伯格勒：《公共选择理论——政治的经济学》，方福前译，中国人民大学出版社，2000 年。
④ 植草益：《微观规制经济学》，朱绍文等译，中国发展出版社，1992 年。
⑤ 丹尼尔·F. 史普博：《市场与管制》，余晖等译，上海人民出版社，1999 年。
⑥ 张俊民：《会计监管》，立信会计出版社，2000 年。
⑦ 于玉林：《会计监管——会计理论的发展与会计职能的扩张》，《财会通讯（综合版）》，2004 年第 5 期。

企业会计行为施加影响，使会计活动的运行服从于政府既定目的[①]。"阎达五等（2003）指出："所谓会计监管是指政府或会计职业团体对企业会计工作的干预，以确保企业会计工作能够合理、有序地进行[②]。"潘立新（2006）指出："会计监管是为了避免和矫正会计信息问题导致的会计信息市场失灵，政府和其他公共会计组织直接或间接地通过立法制定会计规范性文件，对各类市场主体的会计信息加工、审计和披露活动进行的监督、控制和指导[③]。"徐经长（2002）特别指出："在证券市场中，会计监管的目的是纠正和完善会计信息披露，政府机构和会计职业组织采取法律、行政手段或者经济手段，干预和引导各类市场主体的会计行为[④]。"综上可知，"监管干预论"注重公共利益的实现，由政府从外部对会计工作或行为进行干预；而"监督管理论"强调会计监管包括市场主体的内在管理和外在约束两个方面。本书所研究的政府会计监管的立场是"监管干预论"，即在会计信息市场失灵的情况下，为维护会计域秩序，政府对各类市场主体会计行为的法律约束。会计监管规则大多是以会计法律、法规的形式出现，强制性法律规范是监管的实施手段，但监管效果的实现离不开各类市场主体的自觉遵守和执行。因此，政府监管上升到高级阶段，或者被监管者对监管规则的遵守已成为内在习惯，又或者监管规则的威慑效应和违规代价巨大时，政府会计监管就应强化对市场主体"自治"的引导。

三、研究内容与方法

（一）研究内容

导论部分的内容安排为：首先说明本题的研究背景与意义、提出拟解决的主要问题；然后对基本概念进行界定，在对有关学者的不同见解进行比较和分析的基础上，探讨本书研究主题采取的观点和立场，便于后面具体分析的展开；接下来概括全书内容、说明研究使用的方法和研究框架；最后提炼本书的主要研究创新。导论部分的作用在于，从国内和国际两个层面分析了政府会计监管的必要性和面临的主要挑战，在会计信息市场的违规行为不能得到有效遏止的情况下，政府会计监管的效果成为人们反思的一个突出问题，尤其是我国会计

① 夏冬林、刘峰：《试论会计管制与政府行为》，《会计研究》，1995 年第 5 期。
② 阎达五、支晓强：《论会计管制》，《中国会计学会会计监管专题》，中国财政经济出版社，2003 年。
③ 潘立新：《论企业会计风险的充分披露》，《中国注册会计师》，2006 年第 1 期。
④ 徐经长：《证券市场会计监管研究》，中国人民大学出版社，2002 年。

准则的部分制定权已在会计准则国际趋同的进程中放弃，如何衔接国际创新和国内环境，让会计监管的主要手段——会计准则在整个监管体系中发挥最大效用是迫切要解决的问题。这些有待解决的问题构成了本书研究的逻辑主线。

第一章为国内外文献综述。在对前人研究的文献进行深入梳理后就能领会以往研究的有益成果并发现不足和局限，找到自己可以尝试并努力解决的研究领域。国内外关于政府会计监管的相关研究经过整理归纳后，分别围绕会计监管的内涵与本质、会计监管的形成与发展、会计监管的作用与影响因素、会计监管体系等方面展开，在了解了目前政府会计监管的基本研究角度后，对会计监管效果的评价研究进一步整理，以期为本书研究提供必要的基础和可行的切入点。最后我们对国内外文献进行了概括和总结，希望能借鉴国外成熟的研究成果，分析国内研究的不足，最终明确尚待研究的领域。

第二章是政府会计监管的理论基础分析。本章运用经济学上的公共利益理论、俘获理论和利益集团理论这三大政府监管理论为依据，为后面的政府会计监管模型构建、会计监管模式的提炼以及会计监管效果的实证检验奠定重要基础。本章阐述了政府监管的必要性，指出每种理论的基本观点，以及在解释政府会计监管问题时的优势和局限性，并从现实的角度提倡以利益集团理论的视角去分析和理解政府会计监管行为。接下来，分别从经济动因和现实选择两个方面分析政府会计监管理论，一方面会计信息的公共物品属性、外部性和分布的不对称性使得会计信息市场经常出现失灵，政府会计监管应当针对市场缺陷而采取行动；另一方面，尽管代理理论、信号传递理论和私下订约机会理论均主张会计信息的自愿披露和主动供给，但考虑到它们所依托的前提基础：有效市场、完全契约以及个体理性与集体理性的一致在现实经济生活中还很难达到，政府会计监管下的强制性会计信息披露更是一种合理的现实选择。

第三章进行不同政府会计监管模式的比较，从会计监管实践的角度分析目前世界范围内的三种主要会计监管模式，即政府主导型监管模式、政府引导下的行业自律监管模式和独立机构监管模式，这也是各国政府会计监管历史变迁凝结的产物。除了静态逐一比较主要的会计监管模式的优点和缺点，我们还回顾了美国、英国和日本等国的政府会计监管变迁，试图从中发现会计监管变迁的共性特征。实践表明，任何国家都不可能照搬别国的监管模式。某个国家成功的会计监管的经验，却并不一定适用于他国。接下来，本章就我国政府会计监管的发展历程展开分析，比较恰当地划分了四个时期：初创时期、确立时期、改革创新时期和发展完善时期，就每个时期的会计监管主要活动和重要法律法规进行了梳理，综观我国这些年会计监管模式的演进，也体现出类似于各国政府监管模式的特点，如强调政府监管的必要性，又兼顾了中国特色会计环境的独特要求，在会计准则国际趋同的进程中，会计准则的变革已成为我国政府加强监管的重要表现和手段。

第四章为政府会计监管效果的经济学分析。本章的理论分析为后面的会计监管效果衡量标准以及实证检验奠定了理论基础。从第二章我们得出政府会计监管是会计规范化进程的有利保障，但同时政府会计监管也存在所谓的“政府失灵”现象。本章分析了政府会计监管的优势与劣势，分别从会计信息的属性和经济后果、会计改革发展的推动力量等角度阐述会计监管的作用，接着从政府会计监管的垄断、滞后、外部性以及角色冲突等方面讨论其缺陷。之后，我们从理论分析的角度发现政府会计监管的合理水平和适度界限。建立在政府会计监管社会成本和收益分析基础上的成本收益模型和基于完全信息静态监管博弈模型的构建都为政府会计监管决策提供了重要参考价值，监管不足和监管过度都是监管效果低下的表现，政府会计监管的范围应限于影响面广、存在市场失灵的潜在风险并且符合成本效益原则的宏观经济事项；而监管成本、违规惩戒的罚款、被监管者的预期收入和损失等因素会影响监管机构和被监管者之间的行为选择。最后，我们分析了政府会计监管的制度安排——会计准则的性质，并提出，评价政府会计监管的效果可以从监管机构的独立性、监管的透明度和效率等角度分析，但确定一个综合、具体的衡量标准时则要慎重。

第五章完成政府会计监管效果的实证检验。第三章考察的是国际和国内会计监管变迁的长期实践，是政府会计监管效果的长期累积，本章也是从实践角度检验政府会计监管的效果，但考察的是某个会计监管变革时点短期效果的集中检验。从第四章我们得出结论，会计准则作为政府会计监管的重要表现形式和手段，其执行的效果也能比较契合地反映政府会计监管的效果。因此，本章以会计准则变迁的视角切入，对基于成本收益原则的会计监管效果评价的操作局限进行了论述，建议寻找恰当的替代变量，间接地考核会计监管的效果。另外，针对价值相关性研究经常被用于检验会计准则的实施是否达到其既定目标和效果，本章也详细分析了其研究方法和研究结论解释力的不足，并提出了作为财务报告重要质量特征的会计稳健性能同时满足会计准则制定层面和会计监管层面的需求，是比较适宜的度量会计准则执行效果以及政府会计监管效果的替代变量。接下来，我们基于2006年会计准则实施前后2005—2008年中国A股上市公司的财务数据和市场数据，从盈余稳健性的角度评价会计准则改革和实施的效果，并从中解读稳健性原则强化的会计监管效果。实证检验的结论和此前部分研究文献的结论基本相符，2006年会计准则的实施降低了我国上市公司的盈余稳健性。为了提高结论的可靠性和解释力，我们还引入了Beaver - Ryan（2000）模型和Qiang（2007）模型等丰富检验手段，但更重要的是2006年会计准则的短窗口期检验的效果并不令人满意，而其他相关研究表明这一现象可能还会持续，我们应该如何反思我国的会计准则制定和执行机制，会计监管机构又该如何完善监管?

第六章研究结论及政策建议部分，说明了研究不足和未来研究领域。本部分的核心内容是基于前述几章的理论分析和实证研究我们提出了相应的改进我国政府会计监管的政策建议，以期为政府会计监管效果的提升以及会计准则制定和执行机制的完善提供可行参考。第一，完善政府会计监管规则，促进立法的更新和完备。立法机关要及时制定行之有效的会计监管规则，颁布系统和完善的会计监管法律法规体系，尤其要注重投资者保护的各项法律建设，促进投资者保护的相关法律得到有效执行并加大违规处罚的力度。第二，增强政府监管体系的竞争力，引导行业自律。加强各监管主体之间的联动和协作，细化各监管主体的职责，建立相应的法律追究体系，提高政府会计监管体系的运行效率和竞争力，并融合行业自律实施适度的政府会计监管。第三，改进会计监管措施，完善会计准则的制定和执行机制。增强会计准则制定机构的代表性和制定过程的公开性，在获得国际会计准则的制度创新收益时，必须明确自我定位，保留对会计准则的选择权和解释权，加强会计职业人员队伍的建设。第四，积极利用大数据和区块链等技术手段，提升政府会计监管效率。第五，改善公司内部治理机制，为政府会计监管奠定坚实基础。第六，发挥公众的舆论监督作用，实现对政府监管的再监管。

（二）研究方法

本书运用的研究方法可以归为两类：

第一，规范研究和实证研究相结合。规范研究采用缜密的逻辑推理，揭示事物的本质“应该是什么”，而实证研究以实际的数据为依托，通过严谨的计量模型反映事物的状态“实际是什么”，两种方法各有所长，相辅相成。在本书的研究中，围绕政府会计监管效果的理论推理，再回到不同国家的政府会计监管实践和基于我国上市公司数据的会计监管效果检验，正是体现了理论对实践的引导，实践对理论的证实。具体来说，本书的第二章“政府会计监管的理论基础”和第四章“政府会计监管效果的经济学分析”采用规范研究方法，借助经济学理论来分析我们拟研究的问题，其中第四章还采用了博弈论的分析方法。本书的第五章“政府会计监管效果的实证检验”结合会计准则的执行效果，我们采用了常规的实证研究方法，使用比较成熟的会计稳健性检验模型，更注重对检验结果的客观分析。

第二，比较研究与综合分析相结合。比较研究有助于发现事物之间的差异，而综合分析可以获取对事物的全面和完整的认识。本书第一章“国内外文献述评”和第三章“不同政府会计监管模式的比较”采用了比较研究和综合分析相结合的方法。在第一章中，一方面梳理国内外对政府会计监管的相关研究，发现国外关于本题的成熟研究方法和主要观点，另一方面比较发现国内研究的不足以及尚待深入研究的领域。在第三章中，通过比较分析发现主要政府会计监管模式的差异和特点，以及主要国家和我国的政府会计监管变迁过程，从中找出差异并综合分析变迁过程的国别经验对我国政府会计监管的有益启示。

本书研究的技术路线为：首先，运用经济学理论，分别从经济动因和现实选择两个方面分析政府会计监管行为；其次，从会计监管实践的角度分析目前世界范围内的三种主要会计监管模式，并回顾了主要国家的政府会计监管变迁；再次，从理论角度发现政府会计监管的合理水平和适度界限，同时诠释了政府会计监管的基准——会计准则；在此基础上，以会计准则变迁的视角检验政府会计监管的效果；最后，为政府会计监管效果的提升以及会计准则制定和执行机制的完善提供政策建议。

四、研究创新及贡献

本书的主要贡献体现在以下几个方面：

第一，引入利益集团理论拓宽政府会计监管的理论基础。本书分析了政府监管的两大经济学理论：公共利益理论和俘获理论，发现公共利益理论不能完全解释、评价和指导会计监管政策的制定；而俘获理论先天的理论基础薄弱，对会计监管的供给和政府监管行为异化解释不够。因此，借鉴源自政治活动经济学理论的利益集团理论来解释政府监管行为，将立法者和监管机构视为利益集团，对政府监管行为给予新的理论解释，丰富了政府监管行为理论，并为政府会计监管实践提供进一步的机理分析和更契合现实的决策出发点，更好地预测监管是否真正起作用，对监管的各种问题给出现实的回答和解决办法。

第二，从长期监管效果累积的角度看待各国政府会计监管的变迁。从主要国家政府会计监管的变迁进程来动态解释各国政府会计监管实践中所累积的长期监管效果以及所面临的问题，为政府会计监管分析提供新的研究方向和思路。多数时候会计监管变迁的直接目的是为了纠错和改进，会计监管的演进总是落后于会计实务的创新，会计监管效果的实施手段基本上都是变革会计准则的制定模式，这些特点或问题在我国政府会计监管的变迁中也存在。这表明政府会计监管的效果是世界各国都应共同关注的议题，尽管在会计准则国际趋同的大背景下，不加取舍地照搬某种监管模式并不能取得理想的监管效果，但借鉴彼此的成功经验对各国政府会计监管的目标实现总是有益的。

第三，从会计准则作为政府会计监管基准的角度出发，采用会计准则变革前后的短期效果集中检验我国政府会计监管的成效，为政府会计监管提供依据。虽然短窗口期的检验结果并不一定表示会持续存在，但至少表明在会计准则使用的过渡时期会计准则制定机构和监管机构应该有所作为，甚至在会计准则制定发布前就应该预期到这些变化和建立相应的预案，在政府强制性推动会计准则变革时期，应该反思我国会计准则的制定和执行机制，密切关注会计信息市场的反映，适时调整准则施行的配套制度环境。

第四，从会计准则制定层面和会计监管层面的需求出发，提出以会计稳健性作为度量会计准则执行效果以及政府会计监管效果的替代变量，从而克服了价值相关性研究在检验会计准则的实施是否达到其既定目标和效果方面的不足。

第一章　文献综述

本章首先对目前政府会计监管的国内外研究文献进行系统回顾，以便对已有研究成果和研究领域保持一定的认识，进而从不同角度将已有研究成果进行适当分类并评价。

第一节　会计监管研究的文献回顾

一、会计监管的内涵与本质

政府监管行为最初表现为经济监管，通常针对某些特殊产业，如公共事业领域的干预，因为市场未能产生符合社会公共利益的行为或结果，政府监管是为了正确处理和矫正市场失灵。市场参与主体的经济活动会持续地受到政府公共机构的控制（Selznick，1985）。Baldwin 和 Cave（1999）将监管的特性概括为"命令与控制"，他们指出政府管理机构通常以立法方式确定监管标准和强制遵守的要求，并采取刑事制裁予以强化①。通常，公共监管是由自律发展过渡而来但并非不可逆转②（Baggott，1989），例如，在健康和安全领域的监管就出现了相反的情形，这些领域最终完成了从法律监管到自律的转变，可见，社会性监管与经济监管有着各自特点和要求；Baggott 还根据监管手段、法律属性和非政府的外部力量参与程度等确立了政府监管体系的分类标准。例如，政府监管可

① Baldwin, R. , Cave, M. . *Understanding regulation: Theory, strategy, and practice.* Oxford University Press, 1999.

② Baggott R. Regulatory Reform in Britain: The Changing Face of Self – Regulation. *Public Administration*, vol. 67, no. 4 (1989).

采取多元化的形式或手段，除了常见的“命令与控制”，还可以通过完善市场治理机制、规范信息披露、规定权利与责任、准许行业自律、规定公共赔偿或保险方案以及直接采取行动等。引申到会计监管的内涵，也存在多种见解。比如，特定机构强制规定了企业财务报告的内容和形式就属于会计监管[①]（Taylor 和 Turley，1986）。会计监管是现实存在的，会计准则是其中的控制方式之一，而会计本质上就是社会规范[②]（Jonsson，1996）；社会成员的行为均受到会计行为准则（包括专业标准和规章等）的约束；这样人们就知道哪些是普遍认可的行为规则，哪些是不可接受的。会计可以作为“统治工具”，任何时候会计监管都不是基本会计理论自然发展的结果，而是基于谈判和游说的产物。Jonsson 认为，来自审计、财务、学术界和新闻媒体的精英代表组成的团队，虽然代表性足够广泛，但因为彼此的专业界限而被分散，难以形成一个有凝聚力的组织。此外，会计程序的成效是根据它们的经济后果来判断，并不是我们认为“好”的做法就能产生良好的效果，但是事先的评判又显然不可能，因为最终只有一个程序被选择使用，我们无法权衡比较不同会计程序的潜在经济后果，也就无从判断哪个程序会导致更好的结果。毕竟，会计本身不是目的，而只是实现目的的手段。政府可能在多个领域施加监管，应将经济性监管和社会性监管区别开来（Prosser，1997；Ogus，2001）。Ogus 认为在某些特定市场上由于存在不完全竞争，有必要通过法律加以干预，通过经济性监管（如反托拉斯法）促进竞争，对产业的价格和质量监管以防止垄断产生[③]。相比经济监管，社会性监管更注重外部性和信息不对称的危害，所涉及的范围要宽泛得多，既包括教育、环境、健康、媒体和公众安全等方面，也包含通常纳入会计监管或与其密切相关的审计专业服务市场和金融服务市场等，因此社会监管的范畴应涵盖会计监管在内。会计监管维系会计系统，而且与社会治理相关联（Laughlin，2007）；会计标准虽然是会计监管的直接产物，更进一步地会计领域的这一逻辑规范还可升华为正式的社会规范，例如对会计准则的监管，必然强调准则制定权的行使主体是各国的证监会或财政部，或者国际层面上的国际会计准则委员会等。此外，会计监管也体现在其他社会规范中，比如税收和税收减免监管、价格监管以及破产法等，需要直接借助财务报告数据，会计成为所有这些经济监管规范充分信

---

① Taylor P.，Turley S.. *The Regulation of Accounting*. Basil Black Well Ltd，1986.

② Jonsson，Sten. *Accounting for Improvement*. Pergamon Ltd.

③ Ogus，Anthony I.，*Regulation，Economics and the Law*. Cheltenham：Edward Elgar，2001，p. 65.

任的逻辑基础。

在国内，关于会计监管内涵的认识，主要表现为四种观点。（1）会计监管是一个控制过程。会计信息的监管包括生产合规性和服务合规性；前者是确保企业的会计信息披露应遵循会计制度或会计准则，后者表现为会计师事务所、审计部门等就会计信息生产合规性的鉴证（杜莉，2007）。会计监管是企业会计行为及会计信息质量受到政府持续监督与控制的过程（綦好东，2008）。（2）会计监管是一种行为规则。徐虹和林钟高（2007）认为，会计监管所代表的行为规则约束了会计确认、计量及报告行为，是会计信息系统相互作用的框架，或是人为设定的会计信息系统限制，并以此作为会计领域的合作与竞争秩序。政府会计监管的主要意志体现就是会计准则，会计监管包括政府或经政府授权的代理机构干预、调节和管理企业会计行为的一系列会计规范或规则的集合（朱茶芬，2006）。樊行健（2007）认为，会计监管是由政府或由其授权的机构制定企业会计行为规范（会计法律、会计准则和会计制度等多种表现形式），意在促成会计信息生成与供给的标准化，从而对监管范围内企业会计活动进行约束和管理。（3）会计监管是一项经济权利。马晓芳（2007）指出，会计监管的主体是代表国家的政府部门和企业的利益相关者；政府部门的监管权利来源于法律赋予的政治权利和经济权利，因而确保社会资源整体的优化配置及其合法公众产权的明晰是政府监管的切实职责；企业的利益相关者所拥有的监管权利来源于各项契约支持的优先履约权，并服从于其在企业的利益或产权。（4）会计监管是一种政治程序。根据俘获理论，被监管者会尝试各种办法维护和提高本利益集团的利益，会计监管就存在向特殊利益群体妥协的可能，一旦监管过程被既得利益集团所俘获，监管规则就被该利益集团支配。陈艳（2004）认为，会计监管是以经济利益协调为核心的政治程序，本质上是为财富转移和再分配进行的竞争性政治活动。

二、会计监管的形成与发展

会计处理和披露的监管从无到有经历了漫长的历史嬗变过程（陈汉文，1999）。在最初的企业组织形式（业主制或合伙制）下，企业的账簿处理中隐藏了太多的商业秘密，因此不会对外公布。到了 18 世纪，英国的南海公司案件表明对公司制企业不加约束地放任会计处理会给社会经济带来巨大危害。经济发展的强大动力和危机治理的迫切需求促使了1844年《公司法》的颁布，其中对公司制企业的会计处理和披露作出了明确要求。因此，随着股份公司的出现，企业产权结构变迁，受托经济责任的进一步发展，促进了会计监管的产生（张美红，2006）。而创造性会计的产生也与会计监管的出现密切相关（李桂荣，2008）。工业革命以前，企业组织形式简单，产权界定清楚，会计处理方法也较为简单，因而不存在会计监管的必要。直到1887年，美国成立了联邦商业委员会并对铁路行业进行监管，这是美国历史上第一个联邦监管机构；1906年的《赫伯恩法》在对铁路行业的费率进行管制时，采取了同时监督铁路企业会计活动的策略，授权联邦商业委员会为铁路行业制定专门性的会计制度，在经济监管目标之下实现了与会计监管的融合。1917年，美国联邦储备委员会要求企业向银行申请贷款时必须编制相应财务报表，"统一会计"文件的发布表明行业范围内的会计监管已经形成。

近年来，会计准则的国际趋同已成为国际性和区域性的热点议题。在这一背景下，会计监管也会随之发生重大变化。会计准则的国际趋同需要会计监管的国际趋同和合作来保障。Perera（2002）指出，研究会计趋同就必须比较两个或多个国家的会计法规和会计惯例有什么不同，以澳大利亚和新西兰的情况为例，虽然有研究发现，会计惯例的趋同会受到会计监管趋同的推动，但还存在其他影响会计惯例趋同的因素（即存在"噪音"），比如本国企业的具体特征等。萨达甘伦（2003）认为，政治团体和专业性会计组织最早发起会计合作与协调工作；随着国际间合作与经济依存的深化，各国的会计监管机构和受财务报告多层面影响的证券交易所已越来越注重会计国际协调的意义而成为主导者。面对国内企业跨境上市活动的增多，有必要协调和适当简化跨境上市主体的财务报告披露规范及执行机制，避免各国监管机构负担更高的监管成本。当各国的会计规范向国际标准趋同时，会倒逼本国的会计监管随之改变（Ricardo，2008）。比如，巴西为确保国际协调的顺利实现，特别成立了巴西会计准则委员会，巴西证券交易委员会为此向市场说明了巴西会计准则委员会的职责，即由会计准则委员会翻译国际会计准则理事会提供的财务报告概念框架，再交由巴西证券交易委员会核准。不过，Ricardo只是从跨学科的角度提供了巴西会计准则趋同的经验，没有触及会计监管变化的深层动机和经济后果。拥有世界第二大资本市场的日本当年也曾为加入国际会计准则理事会而对本国的会计准则制定机构进行改革。来自本国企业境外上市的政治压力会迫使所在国的会计监管标准和措施与其他上市地国家趋同（Rebstein，2005）。然而，伴随各国会计协调的稳步发展，迫切需要一个强有力的会计监管国际机构（诺比斯和帕克，2008），而证券委员会国际组织的影响力还很有限，虽然欧盟具备类似的监管机构且进行了有益的尝试，但始终是区域性组织。综上，会计监管面临的挑战之一就是会计全球协调问题。对此，国内学者也发表了一些看法：对跨境上市公司的会计监管国际标准框架可采用已拥有广泛国际认可和支持的国际会计准则理事会及其颁布的相关准则[①]（方红星，2004）；或者采取统一、竞争和趋同三种方案来确定跨境会计监管的恰当标准（李志君和于向花，2009），但是统一和竞争方式无法解决国家主权和公共政策让渡的阻力，趋同方案则介于二者之间，说明会计监管标准比较接近甚至互相替代，操作性强。蒋辉宇（2013）认为，各国或地区都应尽可能地将本国或本地区的会计规则或标准合法地适用于境外企业[②]。特别是我国可以先尝试区域性的会计监管合作，与东亚区域内国家建立跨境会计监管的互认机制。

三、会计监管的作用与影响因素

会计监管对会计实践和管理模式具有重大影响。目前，学者们对会计监管的认识和态度已完成由怀疑、有限认同再到支持的转变，更多地关注如何改进会计监管措施。最初，研究者主要基于监管的成本和效率角度分析，对会计监管持怀疑或否定论。比如，Edelman（1964）认为，监管规则的实际效率并不总是符合预期，典型的就是在20世纪30年代因强化美国证券市场监管而引入的财务报告披露规定，其实际执行的程度和效果并不令人满意，因而上市公司财务报告的质量和会计监管强化之前相比，不存在显著性提升。一方面，监管规则成为象征性的要求，另一方面，会计监管本身会带来消极影响。Easterbrook和Fischel（1984）分析了美国证券市场的实际监管情况后，发现由于联邦政府和各地州政府的监管行为扭曲，监管行为比市场行为的影响还恶劣；也就是说，一个产业从不被监管变成被监管导致的监管制度和行为的变化使得产业损失超过监管收益，即政府监管会带来不必要的损失而对于新兴市场的监管，发展中国家的政府比发达国家的政府不可避免地要承担更大责任；新兴市场的证券监

① 方红星：《制度竞争、路径依赖与财务报告架构的演化》，《会计研究》，2004年第1期。
② 蒋辉宇：《跨国证券融资法律监管目标的合理选择》，《法学》，2013年第2期。

管可能会抑制资本市场的自发演进，限制国家金融活动发展和创新，而且政府实施监管的代价高昂，效果却不明显甚至是相反的效果，如此一来，对证券市场的监管也可能是失败的监管。Dewing 和 Russell（2002）也指出会计监管存在许多问题，比如，监管机构和被监管者的关系过于密切，被监管者出于维护自身利益试图“俘获”监管机构；监管机构制定发布过多不必要的、复杂的规则可能使得监管“过度”；适当的监管标准难以确定，因为在目前的法律和技术背景下，缺乏合适的解释监管规则的协议；鉴于监管规则执行中存在的困难，被监管者可能“创造性”地遵循监管规则，导致会计监管背离初衷。Benston（1996）认为，处于监管之下的市场本身是有效的，而会计监管没有给资本市场带来明显效益，市场的公平性并没有得到显著改进；因为强制性信息披露限制了披露习惯和管理当局经营风格的信号导向，投资者无法从会计信息披露获知更多的与企业内部经营管理相关的信息，使得会计信息的决策有用性品质下降。这进一步印证了先前 Edelman（1964）的研究结论。Merino（2003）经过研究认为，美国 20 世纪 30 年代采取的统一会计实务监管目标并没有实现，虽然上市公司财务报告披露的信息数量有所保证，但限制会计方法或政策的选择这一措施的效果并不足以改进投资者所更为看重的财务数据的质量。另一方面，持监管有用论的学者强调监管对市场机制替代的有效性：经济学角度的研究强调监管对市场效率的改进（Coase，1988），政治学领域的研究注重监管对财富的转移和再分配影响。而会计可以提供详尽和多元化的数据，用于衡量监管对生产效率的影响，从而弥补以往监管对生产效率影响的研究数据不足所带来的缺憾；Stocken 和 Verrecchia（2004）指出，对会计信息的公开披露进行监管，可以显著减少私人的信息收集成本，降低因经理人机会主义行为产生的代理成本，从而提高市场运行效率。回顾美国 20 世纪 90 年代的十年间公司财务报告的信息特征愈加接近，差异逐渐减少，表明会计实务趋向统一和会计监管逐步加强（Admati 和 Pfleiderer，2000；Globerman 和 Singleton，2002）。此外，会计研究在证明会计规范引发的财富重新分配效应方面已取得较好成绩，并且研究范围已不限于公司管理当局、股东、债权人等群体，拓展到了更广泛的各类利益相关者。Glaeser 等（2001）认为，波兰证券市场监管的力度和范围更加严格和全面后，证券监管机构发生的监管成本反而更低，监管收益更高，促进了波兰证券市场的长足发展。Gerard 和 Mertens（2006）针对会计监管的经济后果进行了实证研究，研究范围和对象是荷兰发生在20世纪七八十年代的两次会计监管[①]变化，他们就会计监管的必要性提出两个相冲突的假设。在投机行为假设下，公司管理当局会追逐私人福利而采取机会主义投机行为，对财务报告的监管能有效抑制管理当局的投机行为；在有效契约假设下，政府监管的外来干预会限制公司管理当局主观能动地选择最佳会计处理方法，反而增加了公司的契约成本；基于荷兰实践的相关数据进一步验证了政府会计监管效果的积极假设，即会计监管确实限制了公司管理当局的投机行为。Leuz，Christian 和 Wysocki（2008）对财务信息披露监管的经济后果进行了理论与实证研究，他们提出了一个会计监管的成本和收益框架，用于分析微观层面（公司）和宏观层面（市场）上公司财务报告披露活动的成本和收益。综上可知，虽然会计监管也可能失灵，却不能因为会计监管中出现的问题而全盘否定会计监管，为了维护正常的社会经济秩序，应采取必要的会计监管；不要过于纠结在政府监管和市场机制的效率和效果比较，而是应该着眼于不同监管方案之间的比较，思考怎样提高会计监管的执行效率和效果。

在会计监管的影响因素研究方面，Matthias 和 Schmidt（2004）针对许多国家提倡员工举报制度来保证公司道德行为的现象进行了研究，他们分别比较了美国、英国和德国的会计监管模式，并从新制度经济学的角度分析员工举报行为，进而认为可以合理利用员工举报的方法来加强欧盟会计准则的执行监管。Sivakumar 和 Gregory（2002）研究了美国20世纪初的铁路业收入数据，发现自联邦商业委员会颁布固定资产会计处理标准后，铁路业公司的收益平滑现象显著减少，企业的会计处理更加趋向稳健主义。联邦商业委员会颁布的铁路业会计规范是美国历史上第一个行业内会计标准，再加上严格的利率监管配合，使得会计监管的效果更加突出，这表明产品（服务）市场的监管和会计监管的联合作用会强化会计监管的经济后果。Gunz，Sally 和 Carnaghan（2007）研究了美国和加拿大财务报告和资本市场的监管变化，认为加拿大早期的国内监管体系复杂，联邦和各省层面的监管主体众多，导致不同层次管理机构的管辖范围重叠，应考虑确定关键监管者的作用，以及对监管机构的适当合并，以促进证券监管的统一。Sapovadia 和 Vrajlal（2007）指出，公司治理框架的健全和完善与财务会计密切相关，及时、准确地披露公司财务信息也是公司治理效率提升的需要。Daske（2008）以采用国际财务报告准则的26个国家的上市公司为样本，

① 荷兰的会计监管起步较晚，1971年实施《企业年度财务报告法案》强化企业的财务会计信息披露；之后为顺应欧盟成员国财务报告统一的要求，在1984年开始执行欧盟第8号会计指令。

对强制会计准则变更的经济后果进行研究，分别观察变更前后资本市场的流动性、上市公司的权益资本成本和托宾Q指标（公司市场价值与重置成本比）等可能出现的变化，其结论是，强制采用国际财务报告准则后，股票市场流动性增强，上市公司融资成本下降，托宾Q指标总体上升，但无法判断上述影响是否在各国官方正式批准强制采用国际财务报告准则的日期之前就已经发生。在法律执行体系比较健全和严格的国家，公司管理当局提高会计信息透明度以规避诉讼等法律风险的动机就比较强烈，因此国家强制执行制度和公司自身的披露动机两者能相互作用，共同促使财务报告质量提升。另外，研究发现无论是自愿变更会计准则的当年，还是强制采用国际财务报告准则的当年，资本市场的反应还是围绕那些自愿采用国际财务报告准则的公司。Koenigsgruber 和 Roland（2008）研究了会计准则制定中的“政治”游说现象，并采用博弈论分析了政治游说活动以及政治游说动机最可能出现的情形，此时公司有意愿去影响会计准则的正常制定程序。经过博弈模型的分析，发现在欧盟比在美国更有可能发生“政治”游说，因为欧洲企业经常行使否决权，所以政治游说的动机——效益的杠杆作用更明显。另外，Marianne（2009）分析了外部审计和国际会计组织在会计监管中的作用。

四、会计监管体系的组成

国内学者就我国会计监管体系提出了许多设想，基本围绕政府会计监管主体、内容和监管体系及模式等方面展开。在政府会计监管的主体方面，王海民（2001）认为，政府应实现职能转变，会计监管的主要职权应通过法律委托会计职业团体来行使对市场主体的约束，政府部门的主要职责是对会计职业团体等中介机构进行再监督[①]。薛祖云（2005）认为会计监管主体应包含政府及外部行为人[②]。徐经长（2002）与阎达五和支晓强（2003）认为，会计监管的主体是政府或会计职业团体。可见，学者们认同政府及其明确的职能部门是政府会计监管的主体，会计职业团体也能在政府会计监管体系中发挥重要作用。在政府会计监管模式或体系方面，黄世忠、杜兴强和张胜芳（2002）认为，建立以政府为主导的独立监管模式才能从根本上解决我国会计信息市场失灵的问题。刘永泽（2003）认为，我国证券市场的会计监管模式应是三位一体模式，即法律规

① 王海民：《对政府会计监管问题的几点看法》，《会计研究》，2001年第12期。
② 薛祖云：《会计信息市场政府监管研究》，中国财政经济出版社，2005年。

范威慑、行业自律引导和政府监督管理。朱国泓（2004）认为，会计监管就是财务会计信息的外部控制体系，包括《公司法》、《证券法》以及相关法律法规，特别是其中对内部会计控制的组织和各主体权责的规定；会计准则及相关会计法律法规对会计确认、计量、列报与披露行为的规定，以及管理当局及会计人员违规后的责任认定；审计准则及相关审计法律法规指导注册会计师对财务报告合规性和合法性的审核和验证行为，以及注册会计师未勤勉尽职的责任认定；上述主体之间的权利和责任相互依赖并相互制约，应确保各个主体彼此间的责任分工和衔接，防止任一环节上发生“道德风险”和“逆向选择”行为，而导致会计信息失真甚至欺诈舞弊。马骏（2005）认为会计监管框架应与现代企业制度相适应，保持国企改革与会计改革的协调并消除监管障碍。陈艳和陈艳利（2005）认为，会计监管的路径选择应考虑如下相关问题，如政府适度监管、法律和声誉机制并重、对监管者进行监督等。罗朝晖和樊丽红（2006）提出了上下一体、政府与行业监管并重的会计监管模式[①]。袁静（2007）认为，政府会计监管的创新应体现在对外会计信息披露的生产社会化上。杜莉（2007）认为，我国会计信息监管体系的特征应该是政府主导，行业自律辅助或补充。李国运（2007）认为，从资本市场与会计演化关系史来看，资本市场的会计监管系统包括政府实施的资本市场监管系统、上市公司的内部控制系统和会计信息披露系统、注册会计师及会计师事务所的审计系统以及证券经营机构的自律和监管系统，这些相互制衡的系统就可以确保信息披露的质量以及资本市场的健康稳定发展。杜莉（2007）和朱茶芬（2009）认为，在会计监管体系中会计准则居于核心地位，会计准则在一定程度上可以等同于会计监管规则。洪剑峭和娄贺统（2004）指出，会计准则导向的选择与会计监管的有效程度相关，准则导向的变迁应该适应现实的会计监管环境[②]。卢锐（2005）研究了我国的会计准则制定模式，指出会计准则就是会计监管的结果。李连军（2007）认为，会计准则和会计制度是政府治理的手段或工具，预期的经济后果应该是政府监管成本和企业交易成本均减少[③]。高一斌（2008）指出我国会计监管范围应该从全面监管转向会计信息质量的重点监管。陈静和李红（2009）认为，会计准则的实施能否取得预期效果在很大程度上取决于会计准则的执行情况[④]，这必然受到监管有效性

① 罗朝晖、樊丽红：《政府会计监管模式新探》，《财会月刊》，2006 年第 21 期。
② 洪剑峭、娄贺统：《会计准则导向和会计监管的一个经济博弈分析》，《会计研究》，2004 年第 1 期。
③ 李连军：《会计制度变迁与政府治理结构》，《会计研究》，2007 年第 6 期。
④ 陈静、李红：《会计准则执行力研究——监管视角》，《经济研究导刊》，2009 年第 35 期。

的影响，因此，我国会计准则执行的监管体系是政府会计监管的重要内容。刘玉廷（2010）认为，我国会计准则趋同路线图，考虑了我国作为新兴市场经济体的实际情况，能进一步完善政府会计监管体系。

第二节 政府会计监管效果评价的文献回顾

一、会计监管改革效果评价

斯蒂格勒（1964）对美国证券交易委员会成立前后的新上市交易的股票的相对价格指数进行了实证研究，发现美国证券交易委员会关于股票发行的规定对那些公众投资的新股票的质量并无重要影响，强制性会计信息披露制度并没有给投资者带来实际收益。Chow（1983）研究发现，相比1933年《美国证券法》未影响的公司来说，该法案的颁布使得受其影响的公司的股东利益显著减少。Ball，Kothari和Robin（2000）采用Basu模型研究了普通法国家和成文法国家的会计信息披露的价值相关性和稳健性，发现普通法国家的会计信息的价值相关性和稳健性均高于成文法国家的会计信息。Lai（2003）研究发现，2002年《萨班斯（Sarbanes－Oxley Act）法案》（以下简称《SOX法案》）施行之后，注册会计师更愿意出具非标准无保留意见的审计报告，而且公司盈余管理的程度有所下降，得出该法案提高了注册会计师审计独立性的结论。Cohen等（2005）研究了2002年《SOX法案》颁布前后上市公司的盈余管理行为，发现该法案施行之后，上市公司的盈余管理程度比该法案施行之前的盈余管理程度明显下降，认为会计信息质量得到明显改进。一般认为，严格的披露要求会提升证券等交易市场的流动性和效率，降低公司的资本成本。如果该观点成立，必然导致一个问题：既然披露是有益的，为什么公司不自愿披露呢？如果披露符合公司的最佳利益，那么就没有必要对披露施加监管了。而且，Ross（1979）、Grossman（1981）和Milgrom（1981）曾指出，缺乏披露或披露不足被市场看作是“坏消息”，必然迫使拥有信息的一方自动均衡地披露其掌握的信息。因此，要求既定信息披露的监管似乎就是多余的了。然而，在现实中鲜有完全的自愿性披露，公司典型地表现出只作监管要求程度的披露。原因之一可能是披露对公司而言是有成本的。首先，信息的生成和发布需发生直接成本。特别是，信息需要经第三方，如会计师事务所来分布或鉴证。其次，披露向公司的竞争对手或其他战略合作或交易方揭示的信息，可能使得公司因此丧失竞争优势，或失去议价能力。不过，Fishman 和 Hagerty（1998）也指出，即使披露的成本巨大，也并不表明披露监管就是必然或预期的行为。考虑到披露的成本，很可能公司的披露政策或选择是符合社会福利的最优决策。

目前，针对转型经济国家和发展中国家的会计信息质量的实证研究也不断涌现，但总体上来说数量依然较少，而且集中在几个特定国家上。此类研究的目的通常是在研究结果方面和发达国家比较，以找出当地经济环境和制度环境状况等深层次原因和差异。会计信息质量一般选取价值相关性为衡量尺度，虽然发达国家上市公司的股票价格和股票收益之间的差异已广泛使用每股盈余和每股净资产来解释，但在发展中国家或新兴转型经济国家，上市公司财务报表数据和股票价格之间的价值相关性可能被削弱。毕竟，发展中国家和转型经济国家面临的经济环境快速变化和会计监管发展滞后等均可能对会计信息的价值相关性产生不利影响。Gordon 和 Rittenberg（1995）研究了波兰华沙证券交易所在 1993—1994 年的市场效率，认为当时的股票市场效率很低，政府介入干预，不过 Wheeler 等（2002）检验了华沙证券交易所的前五年发展，认为除了 1993—1994 年的泡沫时期之外，市场的总体定价效率虽然仍旧偏低，但却逐年稳步增加。Jermakowicz 和 Tomaszewski（1998）研究发现了华沙证券交易所在 1995—1997 年会计盈余的价值相关性的初步证据，他们认为，上市公司的盈余和股票年收益率呈正相关，各种回归模型的调整 R^2 均位于 6%—10%。Bechev（2003）采用多种统计手段检验 1996—2003 年的三个中欧证券交易所的市场效率，发现华沙证券交易所的市场效率在此期间有显著提高。Zgaljic（2004）认为华沙证券交易所从 2000 年开始效率有所改进；除了小规模公司和新公司外，大企业股票价格的市场行为已经改善，市场达到了弱式有效。Dobija（2009）研究了波兰 1997—2006 年上市公司会计盈余的价值相关性变化，发现在 2000 年会计法规修改后，会计监管的改进使得回归模型的 R^2 在 1997—2006 年逐步上升，而采用国际财务报告准则对上市公司盈余的价值相关性的影响结果并不确定，其中一个回归模型显示了价值相关性增加的证据，但其他模型的系数回归结果并不显著。这说明波兰朝自由市场经济转型的前七年里，投资者已在一定程度上信赖和使用会计数据，会计监管改革的成效比较明显。Dobija（2009）同时指出，在转型经济和发展中国家进行价值相关性研究时必须注意两个问题：会计信息披露可能不充分或者资本市场的定价无效。因为会计信息的价值相关性必须具备一定前提，应确保足够的市场效率；其表现为：公司管理当局不会利用信息优势以自利，股价能反映市场参与者的预期，资本市场不易受少数人所操纵。对发展中国家而言，会计监管和公司治理对会计信息价值相关性的改进不可或缺。Jindrichovska（2001）研究了捷克资本市场，采取多个模型检验会计盈余是否影响股票价格，发现了捷克资本市场存在会计信息价值相关性的支持证据。Abody 等（2002）也指出，资本市场达到半强势有效是价值相关性研究的前提；以往有关波兰和其他转型经济国家的资本市场的研究都证明了最初市场呈低效率，随后得到逐步改善。Hellstrom（2006）考察了 1994—2001 年的捷克资本市场，发现会计盈余和股票收益率之间越来越显著相关。Naceur 和 Nachi（2006）研究了突尼斯证券交易所上市公司的数据，发现会计盈余、账面净资产以及现金流量与股票价格呈显著正相关，尤其是在 1997 年突尼斯会计改革以后这些变量与股票价格的相关性得到显著改进。Foster（1980），Easterbrook 和 Fischel（1991）也从外部性的角度讨论了信息披露监管；Dye（1990）采取风险共担的角度讨论了多家公司价值相关情形下，所有者来选择公司的信息披露水平。本章的模型假定风险中立，主要关注投资者和公司之间的逆向选择问题，并将外部性纳入模型推导。此外，Dye 和 Sridhar（1995）考虑了一个顺序模型，其中，一家公司如何观察信息是取决于其他公司的类似决策；但公司的现金流被认为是独立的；此外没有涉及监管问题。Barth，Clinch 和 Shibano（1998）讨论了包括两项风险资产和信息不对称情况下的理性预期均衡模型，研究了会计准则协调对投资组合选择以及个人投资者收集信息动机的影响效果。披露监管要求或鼓励公司做出更多准确信息披露，有其存在的合理性和价值。监管所带来的益处源自其引发的外部性，即帮助各个公司内化部分因自身信息披露所带来的社会价值。

我国的会计改革和发展伴随着会计准则国际趋同的步伐，会计信息市场也经历了巨大转变，其间国内学者对会计改革的有效性、会计信息质量差异的研究也是方兴未艾，还不乏一些国外学者开始研究我国资本市场的会计问题。归纳起来看，一类研究注重我国会计规范和国际财务报告准则的直接比较，明确两大会计标准的异同，并在此基础上提出对我国会计规范制定和执行的监管体系改进策略。例如，盖地（2001）比较了当时我国会计规范和国际会计准则在各项会计处理要求上的异同，指出两者在会计基本原则和处理要求上已实现大同，但还存在一些小异，我国会计规范的改革还需借鉴国际经验，以国际会计准则为参考。王建新（2006—2007）一共发表了6篇文章，将我国企业会计准则的制定体系、特点和具体内容及其与国际财务报告准则的差异等方面进行了详细比较和逐项分析，认为我国2006年施行的企业会计准则充分体现了与国际财务报告准则的协调和趋同，同时能结合我国实际情况，提高了会计准则运用中的可理解性和可操作性。曹捧和刘明芝（2008）分别对我国企业会计准则与国际财务报告准则下的投资性房地产准则和政府补助准则做了比较。刘世慧（2008）比较分析了我国企业会计准则与国际财务报告准则中的公允价值计量属性的定义、运用范围以及在具体准则项目中的应用要求等，对我国会计准则在公允价值方面的国际趋同问题进行了研究，指出现阶段在公允价值运用方面应充分考虑我国的实际情况①。钱晓红（2010）在比较我国企业会计准则和国际财务报告准则的相似和差异点的基础上，指出我国企业会计准则在财务报表编制框架以及财务报表要素的定义和确认等方面与国际财务报告准则的要求基本相同，但在公允价值适用范围、企业合并财务报表的合并范围及会计处理方法等方面还存在差异；我国企业会计准则距离完善的会计准则体系还有一段差距，与国际财务报告准则仍然有差异的准则项目要努力完善以趋进国际财务报告准则的要求，已经与国际财务报告准则趋同的准则项目则要更加完善。同一时期还有很多学者对我国企业会计准则与国际财务报告准则下的具体准则项目，如金融工具、无形资产和生物资产等准则进行比较和研究②。崔刚（2010）描述了我国会计准则与国际财务报告准则在我国会计改革的不同阶段表现出的相对态势转变，即从接轨、协调、趋同再到持续趋同；站在国际持续趋同的背景下，应该探索寻求我国会计准则变革的更加有效的策略定位，推动会计改革进入新的阶段。张双才和孟永峰（2011）认为，应推广公允价值的应用范围，进一步完善我国会计准则的制定程序，协调好与其他法律法规之间的关系。路媛媛（2011）研究了后金融危机时代我国企业会计准则的国际持续趋同问题，指出虽然目前我国企业会计准则与国际财务报告准则还存在若干差异，国际财务报告准则自身也处于不断修订和完善中，但世界各国普遍采用、允许或趋同于国际

① 刘世慧：《新会计准则与国际会计准则关于公允价值运用的比较》，《商业会计》，2008年第2期。
② 钱晓红：《会计准则国际趋同研究》，《财政监督》，2010年第22期。

财务报告准则，所以我国会计准则的持续国际趋同体现了国际趋势和方向，是我国会计改革的必然选择[①]。周立保（2011）认为，我国企业会计准则虽然与国际财务报告准则在等效方面取得了重大成就，但要实现与世界主要经济体会计准则的等效还需要更长时间的考验和完善，我国会计准则的制定机构要持续研究和探索[②]。张本磐等（2011）研究了我国企业会计准则和国际财务报告准则的差异，认为在会计准则的法律地位、会计准则导向、财务报表要素界定、资产减值损失转回以及持有待售的非流动资产与终止经营等方面还存在差异；伴随国际财务报告准则进入相对稳定时期，我国企业会计准则也将度过持续国际趋同的关键时期，将来会计实务中如果出现会计准则规定范围之外的新交易或新事项，可以通过与国际财务报告准则的持续全面趋同机制予以解决。杨敏、陆建桥和徐华新（2011）总结了我国企业会计准则国际趋同的成效，在借鉴国际会计的总体发展形势后，认为我国不宜直接采纳国际财务报告准则，"趋同"模式依然是适应我国目前法律、经济和文化等环境因素的最佳选择[③]。在建立全球统一的高质量会计准则过程中力争发出中国声音，并向国际会计准则理事会呼吁应允许各国或地区的会计准则制定机构在不违背国际财务报告准则确定的原则前提下，自主解释本国或本地区会计实务中出现的争议问题，及时合理解决会计信息编报者和使用者遇到的问题。

有关我国会计改革成效的另一类研究则强调会计准则实际执行后导致的上市公司会计信息质量差异，从中发现会计准则、会计监管乃至整个会计环境中尚待完善和解决的问题。具体地，该类研究包括：

（1）基于我国会计准则和国际财务报告准则下的会计信息质量差异评价。此类研究一般通过比较和分析 B 股上市公司，或同时在 A 股和 B 股市场上市，或同时在 A 股和 H 股市场上市的公司分别提供按照我国会计准则和国际财务报告准则编制的财务报表数据所反映的会计信息价值相关性、可操控性应计项目、会计盈余及时性和会计盈余稳健性等方面存在的差异；此类研究主要关注的是我国 2006 年会计准则变革前的上市公司会计准则或会计制度执行情况。比如，Bao 和 Chow（1999）以 1992—1996 年发行 B 股的上市公司财务数据为样本，研究我国会计规范和国际会计准则下上市公司净利润和净资产信息的价值相关性，

① 路媛媛：《后危机时代我国会计准则持续国际趋同探析》，《经济与社会发展》，2011 年第 8 期。
② 周立保：《中国会计准则国际趋同发展历程研究》，《经济研究导刊》，2011 年第 22 期。
③ 杨敏、陆建桥、徐华新：《当前国际会计趋同形势和我国企业会计准则国际趋同的策略选择》，《会计研究》，2011 年第 10 期。

发现按照国际会计准则编制提供的净利润和净资产信息的价值相关性要优于按照我国会计规范编制提供的净利润和净资产信息的价值相关性。Abdelk 等（1999）采取事件研究法研究我国资本市场上的会计信息公开披露，发现上市公司的会计信息公开披露并没有对股票收益率产生显著影响。Eeeher 和 Healy（2000）选取 1993—1997 年同时发行 A 股和 B 股的上市公司为样本，研究分别按照我国会计规范和国际会计准则披露的会计信息之间是否存在有用性的显著差异；研究结果表明，在净利润与股票收益之间的相关性以及应计项目对未来经营性现金流量的解释能力两个方面，在我国会计规范下披露的会计信息与国际会计准则下的会计信息之间不存在显著差异。Hu（2002）选取当时在上海证券交易所上市的 B 股公司为样本，运用价格模型分析净利润和净资产等会计数据的价值相关性，研究结果表明，基于我国会计规范的净利润和净资产数据的价值相关性要显著优于国际会计准则下同类数据的价值相关性。杨鹤、耿建新和陈斌（2004）研究了我国会计准则下的盈余质量与国际会计准则下的盈余质量之间是否存在显著差异；他们选取上市公司报告的实际应计项目与估计的正常应计项目之间的差额绝对值作为盈余质量的代理变量，发现我国会计准则下的盈余质量与国际会计准则下的盈余质量之间不存在显著差异。王秀丽（2004）选取 2002 年同时发行 A 股和 B 股的上市公司为样本，分别运用价格模型和报酬模型检验我国会计准则下的净利润数据与国际会计准则下的净利润数据之间是否存在有用性的显著差异；研究结果表明，我国会计准则下的净利润数据与国际会计准则下的净利润数据之间存在系统性差异，按照国际会计准则披露的净利润信息并不能给投资者带来增量信息含量①。王建新（2005）选取当时同时发行 A 股和 B 股的上市公司为样本，采用修正的 Jones 模型估计非正常应计项目，并考虑到该模型本身的适用环境和我国的实际情况，又直接利用线下项目的数据估计了另一组非正常应计项目，并以上述两组估计值作为盈余质量的代理变量，考察我国会计准则国际协调的过程和结果；研究发现，按照我国会计准则与国际会计准则分别披露的会计盈余间的质量差异规模逐年减少，且变化显著，表明我国会计准则的国际协调过程是有效的，不仅会计准则的基本要求而且会计准则的执行效果都在逐步达到国际会计准则的标准，会计盈余质量得到显著提高；但从会计准则国际协调的结果来看，我国会计准则下的盈余质量和国际

① 王秀丽：《B 股上市公司国内外报告有用性比较的实证研究》，《新疆财经》，2004 年第 5 期。

会计准则下的盈余质量已不存在显著差异，即使全面采用国际会计准则，考虑到我国目前的现实环境也不太可能再显著提高会计盈余质量。宋玉和李卓（2006）选取2001—2003年同时发行A股和B股的上市公司为样本，运用Basu（1997）模型研究我国会计准则下的会计盈余稳健性和及时性与国际会计准则下的类似质量特征之间是否存在显著差异；研究结果表明，相比国际会计准则下的上市公司会计盈余指标，我国会计准则下的上市公司会计盈余不具有严格意义上的及时性和稳健性特质①。

（2）基于我国会计准则变革前后的会计信息质量差异评价。此类研究一般通过比较和分析会计准则或会计制度变革前后的上市公司财务报表数据，揭示会计信息价值相关性、可操控性应计项目、会计盈余及时性和稳健性等方面的相应变化。王跃堂、孙铮和陈世敏（2001）评估了1998年《股份有限公司会计制度》推行后会计信息质量差异和会计制度改革效果，结论是上市公司净资产数据的价值相关性显著增强，但盈余反映系数和会计盈余的价值相关性没有得到显著改善，也就是说，《股份有限公司会计制度》改革并没有显著提高上市公司的会计信息质量；研究结论是，只有通过会计改革建立的高质量会计规范与通过改革执行机制实施的有效执行支撑体系同时到位，才能确保会计信息质量的提高。刘峰、吴风和钟瑞庆（2004）选取1995—2002年的A股上市公司为样本，研究我国自20世纪90年代初以来历次会计规范改革对上市公司会计信息质量的影响，发现我国进行的一系列会计规范改革并没有显著提高以会计信息价值相关性所衡量的会计信息质量，究其原因是缺乏应有的法律风险。魏明海等（2006）选取1999—2002年的A股上市公司为样本，研究2001年的会计改革对上市公司会计盈余稳健性的影响；发现与2001年会计规范改革之前相比，我国A股上市公司的会计盈余稳健性更高，也就是说，2001年会计改革提高了我国上市公司会计盈余的稳健性，我国会计规范的国际协调在一定程度上实现了预期目标，提高了上市公司的会计盈余质量。朱茶芬（2006）选取1997—2003年的A股上市公司为样本，采用Basu（1997）模型从会计稳健性的角度研究2001年会计改革对上市公司盈余质量的影响；通过比较1997—2000年和2001—2003年的上市公司会计盈余及时性和稳健性，发现2001年会计改革前后盈余的稳健性和及时性表现出结构性的提升，说明2001年的会计改革有效改进了盈余质量，

① 宋玉、李卓：《中国会计准则与国际财务报告准则会计盈余稳健性的检验——基于沪深AB股的经验证据》，《中国会计学会2006年学术年会论文集》，2006年。

会计监管在一定程度上是有效的，尤其是加快了盈余对经济损失的反映速度，但是平均来说，盈余质量改进的幅度较为有限，与普通法国家上市公司的整体盈余质量相比还处于较低水平①。曲晓辉和邱月华（2007）考察我国1995—2004年A股上市公司会计盈余的稳健性水平是否在会计制度的强制性变迁后得到显著提升；研究发现，1995—1997年期间上市公司的会计盈余稳健性不显著，《股份有限公司会计制度》的施行也没有实质性地提升上市公司在1998—2000年期间的会计盈余的稳健性水平，但是《企业会计制度》的施行却显著提升了2001—2004年期间的会计盈余稳健性水平，然而本期间内表现出的会计盈余稳健性特征可能主要是亏损公司“洗大澡”等盈余管理活动造成的②。刘晓华和王华（2007）选取1992—2003年同时发行A股和B股的上市公司为样本，考察上市公司的会计信息价值相关性的变化趋势；他们采用价格模型发现，在我国会计准则与国际财务报告准则等国际惯例的内容和要求逐渐协调，差异日益缩小的背景下，上市公司的会计信息价值相关性并没有相应呈现出逐年增大的趋势，而是以1997年前后、2001年前后为时间段，呈现出会计改革的渐进性特征，体现了我国会计准则国际协调的实质效果③。胡志勇（2008）选取在1994年及之前上市的上市公司为样本，采用Gower指数衡量上市公司会计政策的可比性（会计政策的可比性是会计信息可比性的基础），研究我国历次会计制度变迁对上市公司会计政策可比性的影响，发现在我国会计制度变迁的第二阶段（以《股份有限公司会计制度》为标志），即1998年至2000年期间，我国上市公司会计实务中的会计政策可比性显著降低，但在会计制度变迁的2001年以后（以《企业会计制度》为标志）我国上市公司会计实务中的会计政策可比性显著提高。陆庆春（2008）选取沪深300指数的成分股上市公司为样本，运用价格模型研究了2006年上市公司年报中分别按照新旧会计准则要求披露的净资产数据与股票价格之间的关系，发现新旧会计准则下披露的每股净资产信息都具有一定的价值相关性，但相比旧会计准则，新会计准则下提供的每股净资产数据对股票价格的解释能力更强④。崔学刚和张宏亮（2010）就新旧会计准则执行前后

① 朱茶芬：《会计管制和盈余质量关系的实证研究》，《财贸经济》，2006年第5期。
② 曲晓辉、邱月华：《强制性制度变迁与盈余稳健性——来自深沪证券市场的经验证据》，《会计研究》，2007年第7期。
③ 刘晓华、王华：《会计准则的国际趋同与盈余质量——基于现金流量预测模型的实证分析》，《经营与管理研究》，2007年第11期。
④ 陆庆春：《新旧会计准则价值相关性的实证研究——来自每股净资产的证据》，《生产力研究》，2008年第2期。

公司盈余平滑行为进行对比检验，表明新准则执行后上市公司盈余的波动性显著增大，应计盈余项目波动与经营现金流量波动的负相关关系显著减弱，证明了新准则施行显著降低了上市公司盈余的平滑程度，提升了上市公司的会计信息质量①。

二、违规惩戒的市场反应评价

在对上市公司违规惩戒的监管效果评价方面，毛志荣（2002）选取1993—2001年因信息披露违规而受罚的上市公司为样本，采用事件研究法分析违规处罚后上市公司股票价格的市场反应。朱伟骅（2003）选取我国证券交易所在1999—2002年的“公开谴责”惩戒事件为样本，研究发现这种所谓“最严厉”的惩罚措施并没有收到明显的威慑效果。陈国进、赵向琴和林辉（2005）选取2001—2003年受到处罚的A股上市公司为样本，研究发现在处罚公告日前后投资者都遭受了非正常损失；研究结论是目前的证券执法体系并未对潜在违法违规者产生真正的威慑效应，且因为现行法规体系中缺乏民事责任的认定，投资者的损失得不到充分补偿。罗培新等（2005）选取1993—2004年被处罚的上市公司和证券公司为样本，研究发现现有的惩戒措施施行效果严重不足，难以有效阻止违法违规者再犯。陈工孟和高宁（2005）选取1999—2001年我国上市公司违规惩处事件为样本，研究上市公司违规惩处事件的特征及其市场反应，发现资本市场对违规惩处公告表现出负面反应。张宗新和朱伟骅（2007）选取我国违法违规上市公司为样本，考察我国证券监管的处罚效率；发现证券监管部门对上市公司的违法违规行为仍然缺乏必要的监督和约束，惩戒时效性滞后，威慑效应不足②。徐经长和王玲（2008）整理了1994—2007年我国上市公司的数据，发现证监会和沪深交易所等共对284家上市公司实施了466次处罚及处分，其中111家上市公司受到监管机构的多次处罚及处分共计293次，ST及*ST公司受到的处罚及处分次数达到184次，受处罚及处分次数最多的上市公司达到了7次。

① 崔学刚、张宏亮：《A股、H股报告盈余稳健性趋同研究——中国会计准则国际趋同效果的初步证据》，《当代财经》，2010年第9期。

② 张宗新、朱伟骅：《证券监管、执法效率与投资者保护——基于国际经验的一种实证分析》，《财贸经济》，2007年第11期。

第三节　研究现状评价

一、研究现状总结

国内外对于政府会计监管的相关研究已经取得了丰富成果，给本书的研究奠定了重要的学术基础，包括：(1) 论述了会计监管的涵义、本质和法规依据，为本书准确界定会计监管的内涵提供了有益参考；(2) 一定程度上揭示了会计监管产生与发展的动因，为分析会计监管的逻辑成因提供了有益参考；(3) 论述了会计监管的作用和影响因素，为分析会计监管的必要性和经济效果提供了有益参考；(4) 论述了会计监管体系的组成和构成机制，为确定会计监管主体和模式选择提供了有益参考；(5) 提出了一些会计监管效果的评价方法，为确立会计监管有效性的评价标准提供了有益参考。不过，政府会计监管有效性或效果的系统研究还是显得不足，由于规范研究偏好较为强烈，会计监管理论还缺乏经验检验，尤其在我国，政府会计监管有效性的研究面临挑战。

二、现有研究议题和方向的拓展

自20世纪90年代以来，我国进行了一系列旨在推动会计准则国际协调的改革，我国会计改革过程基本上就是会计准则国际协调或趋同的过程，会计监管也是服务于这一过程。我国社会、政治和经济环境的变迁客观上要求推进政府会计监管的发展与完善，以提高政府会计监管的有效性。目前，会计监管实践存在的问题与缺陷，与会计监管理论研究的滞后存在着直接关系，会计监管实践迫切需要先进的会计监管理论作为指导。虽然现有文献对会计监管的逻辑成因与会计监管体系分类进行了分析，但不同的学者持有不同的观点，众多相互冲突的理论假设长期并存，尚未深入和系统地分析会计监管的逻辑成因和各类监管模式的经济效用，导致会计监管理论研究不能很好地促进实务发展，难以应对实践中频发的会计危机。已有的研究基本涉及到会计监管的必要性、目标、主体、模式等基本理论问题，国内学者也围绕会计准则或制度变革下的会计信息质量差异对会计监管有效性进行初步的定量评价，但是会计信息质量差异的价值相关性研究在我国受到适用性不足的问题困扰，而会计盈余质量研究多注重的是我国会计准则国际协调的效果，还没有从会计监管需求的层面完善研究思路。此外，还有一些文献从监管机构查处的会计违规案例数量评价政府会计监管的效果，不过政府监管部门查处的违规情况，换个角度理解反而是监管无效的补救措施，而且基于证券市场的违规惩戒事件研究较难分离会计监管和证券监管的双重影响，从而难以有针对性地改进会计监管措施和有效地指导会计监管实践。本书的研究将从会计监管层面的会计信息质量需求出发，评价会计准则变革的实际效果，并以此衡量政府会计监管效果。

第二章　政府会计监管的理论基础

政府会计监管本身是实践活动，政府会计监管理论需要将不同国家政府会计监管的具体实践进行梳理，抽象掉种种差异并在此基础上完成对政府会计监管实践的总结。政府会计监管是一种与市场自发运动相对应的政府行为，经济学中的基本范式——“看不见的手”与政府这只“看得见的手”的论争几乎充斥着整个20世纪。而这一论争也成为经济学在同一时期发展演变的牵引力量，并主导了主流经济学派的起伏更替，政府会计监管理论也以此为背景逐步萌芽、发展起来。

第一节　政府监管的经济学理论

“看不见的手”源自1776年亚当·斯密出版的《国富论》，自问世就逐渐成为了市场经济的准则，而崇尚自由放任政策的古典经济学的开创更是离不开“看不见的手”这一范式基础。在《国富论》中，亚当·斯密提出著名的市场机制“引力定律”，他认为，如同自然界中的万有引力，在市场经济中也存在一种类似的力量——市场机制力，价格机制能引导市场机制力自动均衡地促使市场经济秩序达到协调与持久。政府不应该直接介入和干预经济运行，私人利益与国家利益并不总能协调一致，私人企业的发展依存于国家的保护和支持，一旦缺少国家的政治组织和政治环境，单凭个人难以形成生产能力，这些都是国家对经济运行进行干预的合理理由；而且，国家在保护和积累生产能力方面可以发挥重要作用，弥补私人市场经济的某些缺陷。20世纪30年代凯恩斯主义经济学兴起，提出的有效需求原理[①]，强调政府这只“看得见的手”在经济中的重要

① 有效需求原理建立在三大心理“定律”基础上，即边际消费倾向递减、资本的边际效率递减和流动性偏好。

作用。20世纪六七十年代，主要资本主义国家的经济遭遇严重“滞胀”，供给学派、货币主义学派和理性预期学派先后兴起，它们极力主张减少国家干预，在对新古典经济学继承并重新解读、修正和提升之后再次证明了市场机制“自然秩序”的合理存在和有效性。20世纪80年代以来，新凯恩斯主义经济学重新构筑了凯恩斯主义宏观经济理论的微观基础，尽管表面上与新古典宏观经济学相互抗衡，但双方在政府干预方面的理念已逐渐融合，分歧主要集中在政府干预实施的方式、边界和有效性上①。

一般来说，政府监管理论的演变经过三个阶段：公共利益理论、俘获理论和利益集团理论（Viscusi，Vernon和Harrington，2000）。这三种各具特色的政府监管理论归纳了不同学者基于自身的研究目的和研究背景对政府监管的多角度研究积累。

一、公共利益理论

公共利益理论②（Public Interest Theory）是最早出现也是发展最为完善的监管理论，在20世纪50年代以前占据主流地位。这一理论假定政府监管是从公共利益出发制定监管政策，是为保护公众利益。政府监管是政府面对市场失灵导致的社会秩序混乱和资源配置不当而必须采取的“抢救行为”，政府监管行为是无代价的有效活动，政府所付出的唯一代价就是监管的低效或无效。政府监管是没有成本的，而且政府有能力校正市场失灵或维护公平，实现社会福利最大化的目标。

公共利益理论一定程度上可指导和解释会计领域的政府监管行为：会计监管是缓解或清除市场失灵的必要手段；会计监管应纠正会计信息市场中各主体的不公平、不公正和无效率或低效率行为，切实满足社会公众的利益要求。公共利益理论从会计信息市场失灵的原因和后果出发，界定了会计监管的必要性、意义、总体目标，以及可能的监管界限。市场失灵所带来的价格扭曲只能借助会计监管来修补市场机制在资源配置过程中的效率损失。Beaver（1998）认为，美国1933年和1934年证券法及相应财务会计标准颁布的目的就是保护公共利

① 在20世纪80年代后的监管实践上，美国政府也放松了对产业的监管，并以“改革监管”的名义理性选择监管目标与方法。

② 公共利益理论也被认为是“实证理论的规范分析”。

益，恢复公众对资本市场的信心，避免再次发生与1929年经济大萧条类似的新危机。King（2006）认为，《SOX法案》的目的同样也是维护公共利益，因为这是避免再次出现公司丑闻所必须的。

尽管公共利益理论为政府监管指明了出发点和归宿，但理论的构建过于抽象和理想化，如“公共利益”暗示不同社会个体之间有着共同的信息需求，但现实中不同社会成员对信息的要求存在异质性，且强弱式地位处于不断转换变化中；政府监管机构难以把握“公共利益”这一模糊概念，监管的绩效评价也无从谈起。再者，在现实经济生活中，政府监管本身存在成本（Averch和Johnson，1962），而且政府监管也并非总是百分之百有效（Stigle和Friedland，1962），市场失灵的损失反而不及政府监管导致的福利损失和成本。故而，是否施行政府监管需要权衡监管成本与市场效率改善后所带来的社会福利增进，又由于社会福利并非总是增进，使得维护“公共利益”更像是监管机构的政治口号①。

二、俘获理论

俘获理论②（Capture Theory）产生于20世纪70年代中后期，批驳并取代了公共利益理论而得到发展。现实的经验证据表明，监管只是对某些被监管者有利，并非出于维护社会公共利益（Bleave，1998）。政府监管实际上是为了满足行业对监管的需要而产生的，监管当局最终会被行业所控制，无论是立法者还是执法者都被行业所俘获（Viscusi，2000）。Stigler（1971）通过完整的实证分析，得出了受监管行业并不比无监管行业具有更高效率和更低价格这一著名结论，并主张有关研究的中心任务应当是解释谁是这一监管的受益者或受害者，政府监管应当采取什么样的形式以及政府监管对资源分配的影响等。Chatov（1978）构建了一个关于监管的生命周期模型，指出监管机构在其生命周期内，力量逐渐被监管对象削弱并最终被反置于监管对象的影响之下，而无法对监管对象实施一贯积极的监管。监管作为一种制度或规则被某个行业所获取，它也就按照这个行业的利益机制来设计并进行运转。

---

① Coase（1960）认为大量的所谓市场失灵问题完全可以由市场自行解决，而不需要政府监管；即使在极少数情形下私人契约和诉讼也能解决阻碍市场有效运转的利益冲突问题。

② 俘获理论被视为监管理论的重大突破，是管制经济学理论的开端。

俘获理论能提醒人们注意各种监管制度及其实施的公正性和独立性，充分关注监管机构的主观动机和客观行为，它解释了会计监管的真正需求方来自哪里，受什么原因驱动。由于该理论的先天理论基础薄弱，以一些实证研究结论为基础推导，不能解释会计监管的供给是怎样产生的，以及为什么会计监管机构的行为会偏离初衷，而与被监管者形成相互依赖的关系，导致会计监管行为功能异化，会计监管的实际效果背离了政府会计监管机构宣称的监管预期。

三、利益集团理论

利益集团理论（Interest Group Theory）认为，每个行业都存在一些利益集团。这些不同利益集团可以被认为是监管的需求方，当然他们各自对监管需求的性质和程度不尽相同。立法机关也可以被看作是一个利益集团，即监管的供应方。立法者和监管机构的主要目标是维护自己的权力，需要争取最大的政治支持，减少监管执行中的压力。在考虑“照顾”某些利益集团的需求时，如果受到竞争中某个集团施加的巨大压力，监管政策可能就会倾向于该集团的利益要求。Peltzman（1976）认为，各种游说集团参与政治活动的动机就是追逐财富转移，增加游说集团及其成员的利益，不惜牺牲行业内的竞争者以及消费者等集团的利益。实际上，各种法律法规正是利益的提供者和接受者相互博弈均衡的产物。利益提供者承担的边际成本正是预期财富转移的边际减少额，而利益接受者承担的边际成本等于其预期的边际效益。

包括监管在内的政治活动，能否顺利施行取决于信息成本、差别利益和组织成本的三方综合影响。首先，在大多数政治活动中都存在着各种利益集团，导致信息成本的发生，而信息成本很有可能超过利用信息而获得的利益。规模效益同样适用于信息的生产过程，所以大型利益集团比较容易在政治活动中获得成功。其次，利益集团的规模必然受到集团成员之间的利益同质化或异质化的影响，集团的统一行动就不会遵循某一特定成员的利益，集团内部各成员多样性的利益需求就无法满足。最后，利益集团的规模还受到组织成本因素的制约。特定利益集团除了要承担信息成本，充分评价具体问题可能对本集团的影响，还要迅速发挥合力，寻找代表其利益的政治家为其自身利益的代言人并予以有效支持。所以组织成本也可能限制利益集团的规模。总之，个体缺乏收集信息的主观动机，而利益集团又存在着最佳规模限制，这些因素决定了利益集团在财富再分配竞争中的相对优势，各集团实际获取财富的能力与反对转移的能力处于动态变化中，所以最终的平衡结果也是短暂和微妙的[①]。正如 Peltzman（1976）所说，政府监管倾向于保护经济衰退时期的生产者，以及经济高涨时期的消费者。所以同其他人一样，处于各种利益集团之间的立法者和监管机构也是一个利益集团，并非大公无私的纯粹中间人，它们也热衷于增加政府可操控的资源来增加其影响力，并通过制定各种法律法规来转移财富，实现利益分配。

实际上，利益集团理论将监管视为一种商品，相比前两种理论，它能更好地预测监管是否真正起作用。比如，按照利益集团理论的观点，会计准则的制定都是经过政治程序的产物，不可能通过精确的技术性运算来决定。一项准则的成功与否，其衡量标准是能否获得不同利益集团的支持认可，并不是它在纯理论意义上是否正确。实际上，会计准则制定机构的结构设计就是遵循有利于各方达成一致意见的原则，这一点在美国财务会计准则委员会的机构设计上已得到充分的体现（Merino 和 Nermark，1982）。Horngren（1973）指出，会计监管原则上应该保持中立，在谋求公众利益时不应带有任何政治色彩。然而，会计监管规则所脱胎的制定程序难以做到绝对公平，不可避免地带有政治色彩，所以会计监管是协商的结果。

迄今为止，学术界尚无足够的证据表明政府监管起源于何时，更难以确认在市场经济国家出现之际，就是否已经有了现代意义上的政府监管。放眼当今世界，无论是独裁统治，还是民主政府，经济发展几乎都是它们共同渴望实现的目标，至少从主观愿望来说是如此。根据政府参与经济发展的广度和深度，可以将政府的角色定位分为四大类：弱政府、小政府、强政府及超强政府。弱政府选择无为而治，只充当经济发展的“守护者”。小政府，并非无为而治，更希望在促进经济发展方面有所作为，所以并不情愿只充当“守护者”角色。小政府认识到了市场机制的缺陷，即市场失灵，力图通过政府干预，使市场失灵得到纠正；但它们同时坚信市场机制是比任何其他机制都有效的资源配置机制。强政府，能够利用国家权威，借助产业政策、经济计划、财政手段甚至行政力量推动经济朝着政府确立的目标行进。市场机制在资源配置中发挥着基础性作

① Becker（1983）认为，各利益集团将在考虑其他利益集团压力的条件下，对管制者实施能最大化自身利益的压力，当各利益集团均没有调整所施加压力的动机时政治市场达到均衡。因此，如果管制能使得各利益集团的利益之和（即社会福利）增长，则管制将增强，否则管制将减弱。

用，但政府对市场的干预也十分强烈，这种干预不仅仅限于纠正市场失灵，同时还扩展到了对部分市场的替代。超强政府，是计划经济体制背景下的中央集权政府。政府主导一切，替代一切，由国家的指令性计划指导经济运行和资源配置，市场机制的作用被严格压制。我国自市场化改革以来，依附于传统计划经济体制的超强政府已经逐渐削弱，政府职能发生了明显变化，并且变化仍在继续。在经济转型的大背景下，政府的职能转向建立经济发展所需要的法律、社会、物质及体制基础，为市场服务。

20 世纪主流经济学关于政府干预还是自由放任的经济学论争尚未有最后结论，政府会计监管理论也不能作为同一层次的问题对待。因为前者涉及经济学的基本范式和理论基础，后者则更具体和更富操作性。当然，经济学理论的发展推动了会计监管理论的发展。但每一种理论、观点都只是从某一方面对会计监管问题进行描述或解释。在对会计监管理论分析时，既要考虑主流经济学思想和理论的影响，又必须超越经济学的一般性阐述而顾及会计活动的独有特征。

第二节　会计监管基本理论

政府会计监管是政府监管的一个分支。而会计监管并不是随着股份公司的产生而产生的。自 20 世纪 30 年代起，随着经济学对市场不完全性认识的深化，以及实证会计理论的发展，会计监管理论亦得以展开。最初经验性研究的热点问题是关于财务报告的管制，虽然当时人们对政府会计监管是否合理存在疑问，但很快从经济学中找到了会计监管的理由。从理论上看，政府监管主要应当是针对市场的缺陷而采取的行动，而市场主要在以下几种场合经常会出现失灵：（1）竞争的缺乏；（2）外部性；（3）公共物品；（4）市场欠缺；（5）信息与知识的传递以及信息不对称。表现为资本市场中的失灵主要体现在，作为市场上流动的众多信息中最重要的一部分，会计信息因公共物品属性，其供给一旦缺乏必要的约束就可能会存在市场失灵，特别是当资本市场非完全有效时，会计信息的生产数量和质量未达到社会需求的最佳水平，导致信息生产过剩和信息自由泛滥。

一、经济动因——会计信息市场失灵

（一）会计信息的公共物品属性

作为一种特殊商品，会计信息一方面具有非排他性，当某人消费该物品时，要拒绝他人消费是不可能的，或者要付出高昂的成本；另一方面具有非竞争性，只要消费者的总数被限制在一定的范围内，增加一个人的消费并不影响或损害他人的福利。人们乐于享受公共品带来的收益，但缺乏有效的激励为公共品的提供和维护进行必要的投入，“搭便车”问题即不可避免地出现。在会计信息市场中，会计信息的需求方有利益相关者（包括潜在投资者）、企业的实际和（或）潜在竞争者、非投资者。会计信息的供给方则是企业管理当局。企业需直接负担生产会计信息的全部显性和隐性成本（信息加工处理成本、鉴证成本、发布成本、因专有信息披露丧失的竞争优势等）。其获得的收益表现为融资或者股价的维持，而融资的数量和股价的稳定性具有较大的不确定性，成本的补偿面临着风险。虽然会计信息的供给可在某种程度上降低与利益相关者的交易成本，如签约成本、监督成本和剩余损失，但从有限理性“经济人”的角度来说，在尚无令人信服的证据表明企业有动力为后两类需求者生产会计信息的情况下，企业更会将后两类需求者利用信息的效益视为生产会计信息的附加成本。比如，效率低下企业所披露的会计信息如实向市场传递了此种信号，从而招致被兼并收购的风险；现实的竞争者可能从公开会计信息中受益，特别是其中泄露的专有信息会助其提高竞争力；潜在的竞争者可能被会计信息所揭示的诱人利润吸引而进入该行业等等。当企业生产每一具体会计信息时便会权衡其收益成本，一些不利于其自身经营的信息便不再生产，导致会计信息生产不足。一个不受管制的市场缺乏使消费者为之付费并以此向供给者提供激励的机制，市场趋于无效率地生产有公共物品性质的商品（史蒂文斯，1993）。小约翰·科菲（2002）也在解释会计监管和强制信息披露的必要性时指出：会计信息具有公共物品属性，因而受到供给不足趋势的限制；没有强制性信息披露，会导致社会成本不必要地增加，而一个集中运行的信息资源搜寻机制就能减少因信息供给不足使得经济资源配置不当所造成的资源低效或无效利用。

（二）会计信息的外部性

会计信息的外部性与其公共物品性质是相伴产生的。上市公司已公布的财务报告信息会给竞争对手和同一行业内财务报告披露滞后的其他公司带来外部性。富斯特认为，从会计信息披露的角度看，存在两类外部性，即披露内容引发的外部性和披露时间引发的外部性。

1. 披露内容的外部性

披露内容的外部性是指一家企业的会计信息披露可能会导致竞争对手的经济决策改变或者影响其他企业股票价格的波动。利用公开披露的财务报表信息，现实和潜在的投资者就可以了解每家公司的经营、管理状况，会计信息传递的不同含义帮助利益相关者辨别企业优劣，避免“劣币驱逐良币”，减少经济决策的不确定性和风险，社会资源的配置效率提高，资源能够理性地流向效益更好的使用渠道。

披露是有价值的。披露能增加某些交易发生的几率，而这些交易能提升公司的价值，比如，潜在的投资者可能比现有的投资者更看重公司的价值，那么公司转手的交易活动就因此可能顺利完成。另外，本书更多考虑政府监管在公司信息披露数量或类型上的要求。事实上，在有关披露的研究文献中通常都假设，信息披露是真实可靠的。毕竟，各国法律对财务欺诈均有较为严格的惩处，而且披露通常会经由会计师事务所等第三方来鉴证，而独立的第三方不会受到披露内容的直接影响，且其一贯重视其拥有的公信力声誉。

现实和潜在的竞争对手可以通过公开披露的会计信息获知披露企业的经营状况和未来经营策略，进而采取模仿等相应的策略，从而使披露企业丧失竞争优势。公司价值的相关性，以及个别公司的披露对其他公司的价值评估和市场价格变动的影响已经为许多研究文献广泛证明，而且公司价值受到某些共同经济因素的影响，尤其是处在相同或相关行业里的公司。比如，证券分析师和投资银行通常会利用可比公司的信息来进行价值评估活动。由于公司的价值彼此相关，因而投资者可利用某一家公司披露的信息对其他公司进行估值。有关信息传递的会计文献也证实，一家公司的信息披露经常影响其他公司的股票价格。黄世忠等（2002）认为，在市场竞争加剧，兼并收购威胁增大的情形下，会计信息直接影响披露企业的长期发展，甚至是企业短期的存续①。当同属一个行业的部分公司的财务报告经审计后被公布，投资者就大致了解该行业公司经营活动的盈亏状况，再参照企业披露的对下一年度的经营和前景预测，就可以评估影响整个行业的利好或利坏消息，处在同行业的其他公司即使财务报告公布相

① 黄世忠、杜兴强、张胜芳：《市场政府与会计监管》，《会计研究》，2002 年第 12 期。

对滞后，其股票价格也会在财务报告发布之前出现波动。如果所在行业的大部分公司报告当年内盈利，向市场传递的是利好消息，则会对其他尚未公布财务报告的公司的股票价格产生正外部性；否则，产生负外部性。

2. 披露时间的外部性

因上市公司有意识地调整披露时间而对公司股票价格产生的影响，是会计信息在披露时间上显现的外部性。公司管理当局出于某种利益动机和考虑，可能将好消息提前公开，却推迟披露坏消息，主动提早和故意拖后。较多研究也发现，较早披露的上市公司其股票价格波动的超常收益较高，而披露较晚的上市公司其股票价格波动的超常收益相对较低，这说明先期发布的公司其财务报告包含的部分信息出现“外溢”，上市公司公告日附近的超常收益变化与公告的时间性之间确实存在一定关联度。Brown 和 Kennelly（1972）也认为，年度盈余公布前几个月内的股票价格波动与当年度已公布的季度盈余有关系。Benston（1967）认为，市场可能已经在年度盈余数据正式披露之前，从其他渠道，即包括同行业其他公司先期发布的财务报告，获得了类似信息而改变对年度盈余的预期，股票价格随之作出相应改变。孟卫东等（2000）研究发现较早披露年报的上市公司每股收益、股东权益比率等均比披露较晚的上市公司的同类指标高，且差异的统计结果较为显著，推断我国上市公司倾向提前公布利好消息而推迟公布坏消息。巫升柱等（2006）研究发现，盈利公司比亏损公司更及时地公布年报，被出具标准审计意见的公司也比被出具非标准审计意见的公司能更及时地披露其年报。此外，由于同行业企业的披露在时间上总有先后，因投资者心理预期已经调整，使得后披露信息的企业的股价调整幅度经常比先披露信息的企业小。业绩表现不同的上市公司在披露时间选择上会因时间差异的外部性而加大选择的随意性。科斯定理从交易成本的角度说明，外部性不可能通过市场机制的自由交换得以消除，需要利用外来力量加以限制。

（三）会计信息分布的不对称性

经济运行中普遍存在不确定性，凯恩斯将其视为人类的动物心理使然。而自由竞争的市场机制作用过程中所体现的“自然秩序”，是基于确定、无风险的世界。由不确定性研究发展起来的信息经济学认为，市场经济中普遍存在的信息不完备和不对称使得市场机制无法完美运行。信息不对称引发的一系列问题同样发生在会计信息市场中。而最为引人注目的两大类信息不对称是：投资者和企业管理当局之间的信息不对称；信息使用者相互之间的信息不对称。

1. 投资者和企业管理当局之间的信息不对称

在现代企业制度下，企业所有权与经营权相分离，投资者不会介入企业的日常经营管理，投资者作为委托方往往无法获悉企业管理当局的实际管理情况，而且投资者很难有足够的时间和精力或必要的知识和能力去监督管理当局的日常行动。企业管理当局和投资者之间存在的信息不对称正是上述种种约束性条件限制的结果。管理当局充分掌握了企业的财务和经营信息，却可能出于自利动机，隐藏企业的真实业绩表现，人为地制造信息不对称，增加投资者的评估风险，损害证券市场的正常运作秩序。瓦茨和齐默尔曼（1986）认为，如果经理人员能够掌握其他渠道所无法获得的信息，并阻止其向市场的扩散，则合理的推论就是市场不可能像其他情况下那样，精确区别出效益高低不同的企业。企业管理当局往往追求自己效用函数的最大化，不可避免地产生逆向选择和道德风险。信息不对称引起“逆向选择”行为，使得投资者的资金流向质量低劣的公司；“道德风险”使得投资者的利益无法得到保障；“羊群效应”加剧投资者的风险、最终投资水平下降，证券欺诈行为成为可能。

2. 信息使用者相互之间的信息不对称

不同的信息使用者由于地位和角色的不同，所拥有的信息数量和有效性也迥然不同。比如，债权人和股东是企业财务资源的提供者，前者为了保证借贷资金的安全和完整，有权要求企业提供财务报表，后者则握有企业重大事项的最终决策权。企业内部员工可近距离地观察和了解企业经营现状、企业面临的经营风险、各年利润分配及经营趋势等情况，拥有一定的信息优势。政府部门可以直接行使法律赋予的行政权力，满足其对特定企业的财务信息需求。另一方面，虽然同为股东，但大股东和中小股东由于参与企业经营的程度和方式不同，对被投资企业的信息拥有量存在较大差异。在信息不对称情况下，利用非公开信息进行内幕交易导致财富在不同投资者之间分配，一方的收益是以其他方的损失为前提，此时零和博弈使得社会福利为零或为负，因为信息搜寻活动中的付出就成了净损失。信息披露监管的重要目的在于降低信息搜寻成本，使所有市场参与者均可免费、及时获得充分的信息，防止证券欺诈行为的发生，减轻信息不对称的危害。

二、现实选择——强制性信息披露

资本市场会计监管的核心是会计信息披露的监管，而代理理论、信号传递理论和私下订约机会理论对强制性信息披露持对立观点，强调会计信息的自愿披露，不过在现实条件下，这三种反对强制性信息披露的理论的解释力受到了挑战。

（一）代理理论

代理理论又称契约论。在现代企业制度下，企业的所有权和经营权相分离；依据所有者与经营者之间的契约，经营者承担“受托责任”；企业即被视作各种契约的联结点。为了保证契约的顺利履行，防范经营者的“道德风险”行为，所有者会发生契约监督成本，并将监督成本转嫁给经营者，影响了经营者的实际净报酬。为避免上述情形发生，即使不存在强制性信息披露约束，经营者也会主动将自身“受托责任”的履行情况报告给所有者。经营者与所有者之间契约的执行必然要求财务报告和审计鉴证提供相应的监督和审查作用，经营者出于维护自身利益，并缓和与所有者的利益冲突的动机，通常会主动、完整和及时地披露经过独立审计的财务报告。

（二）信号传递理论

在有效市场中，企业一切有用信息都会作用于股票价格，并在其中得到反映。企业对外财务报告所披露的企业财务状况和经营成果等信息，以及该企业在会计信息披露方面一贯的良好声誉，均有助于市场鉴别不同企业的优劣，是企业筹资能力高低的重要影响因素。基于此，公司管理当局就会主动向市场参与者发送积极信号，树立会计信息披露方面的良好形象，而保持良好形象的最佳做法就是及时、充分地披露企业会计信息，辨别坏消息、中性消息或是好消息并区别对待。

（三）私下订约机会理论

在私下订约机会理论下，不同投资者所希望获得的会计信息的类别和数量各不相同，强制性会计信息披露并不能满足所有投资者的需求；另一方面，强制性会计信息披露并不是资本市场中唯一的信息获取渠道，投资者完全可以私人订购信息，满足个性化的信息需求。经由企业或其他中介机构的私人信息搜寻，以及公开发布的免费信息在信息成本和收益上的比较权衡，会通过市场上投资者的决策和行为，汇聚成市场力量，引导信息披露实现最佳资源配置。

上述理论在反对会计监管，主张会计信息的自愿披露时，实际上受到三个重要因素限制。

第一，难以实现的有效市场。在有效市场中，来自各种渠道的信息彼此间进行充分的交流和竞争，任何一项特定的信息都能迅即到达所有投资者手上，市场的充分竞争促使股票价格同样迅速地反映该信息，因而投资者并不能从基于该信息所进行的交易中获得任何超常报酬。本质上，有效市场假说为代理理论和信号传递理论提供了合理基础。

按照代理理论的解释，经营者会主动提供财务报告并委托独立审计师进行审计，以解脱“受托责任”。基于有效市场假说，当所有者目标和经营者目标不一致时，经营者掌握信息优势，与所有者之间的信息不对称地位容易导致“逆向选择”和“道德风险”危害。即便如此，资本市场的“价格保护”以及成熟经理人市场的保护也能使所有者（投资者）免受损失。具体来说，当经营者发生危害投资者行为时，企业投资不再有吸引力，股票价格随之下跌，如果经营者也是企业所有者或持有大量股权，那么他们就得自行承担全部或大部分的财富损失；如果经营者只是职业经理人或者少量持股，可能股票价格下跌对他们的报酬影响有限，但随后股票市场向经理人市场传递上述信息，使其丧失在经理人市场的竞争地位，打压他们长期的“竞争性薪酬水平”，从而为此付出沉重代价。而信号传递理论也是以有效市场假说蕴含的信息竞争为前提；市场上存在充分竞争的各种信息渠道，投资者和财务分析人员可同时从企业财务报告和其他各种渠道获得相关信息；在信息持续流动和充分竞争的环境里，不同渠道的信息能交互印证，自辨真伪，迫使经营者建立充分、及时披露会计信息的良好声誉，获得市场的合理价格回报。

然而，有效市场的存在离不开充分的竞争、自由流动的资金、足够低的信息成本以及理性的投资者。在现实世界这些完美的理想化假设很难成立。频繁爆出的内幕交易丑闻、投资者行为的有限理性以及交易成本的制约等使得市场有效性难以强势。即使得到部分证据的支撑，西方发达国家的股票市场具备半强势有效的基础，但这种半强势有效也仅是近似程度。因而，代理理论和信号传递理论反对会计监管和强制性信息披露的先天基础薄弱，难有说服力。

第二，普遍存在的不完全契约。根据代理理论和信号传递理论，经营者出于解除契约责任和降低代理成本，有着比较强烈的自愿披露会计信息的动机。然而，完全契约之外还存在不完全契约。理论上，完全契约能最充分地设想未来所有状态下契约签订各方的权力和责任，因穷尽了各种可能性，将来契约各方修正契约或重新协商的几率很小。作为完全契约的对立面，不完全契约受限于契约订立时的条件，疏于考虑，导致未提及某些情况下各方的责任，或者仅粗略或模糊规定某些情况下各方的责任，待契约履行时出现权责不明确，或者权责不对等的后果。由于现实经济生活中普遍存在着“不完全契约”，经营者没有受到足够约束，主动自愿披露会计信息的动机并不强烈；如此一来，不完全契约加剧了信息不对称，信息不对称又进一步加重了不完全契约的后果。具备信息优势的一方可以在订立契约时有意地促成契约的不完全性，在合法的伪装下侵占对方利益，即使被识破违约，也可以轻易逃脱责罚。

第三，更符合社会福利的集体理性。诚然，投资者个人会自行衡量私下搜寻信息的成本和收益而采取理性行动，但符合个人成本效益原则的行为未必是适合整个社会的合理选择。集体理性与个体理性的冲突是不能回避的重要事实，私下订约机会理论恰恰忽略了这一点。为了确保资本市场参与者的集体理性，增进社会福利，强制性会计信息披露和会计监管是必然选择。

第三章　不同政府会计监管模式及效果的比较

第一节　政府会计监管的主要模式

一般来说，各国（或地区）在对本国（或地区）的会计活动，即会计信息的确认、计量、记录、披露、鉴证等活动进行监管时所采取的一系列制度安排，以及这些制度安排体现出来的特色就形成了特定的会计监管模式。纵览世界各国经济形势的发展和变化，可以总结出目前普遍存在的三种主要会计监管模式，即政府主导型监管模式、政府引导下的行业自律监管模式和独立机构监管模式。

一、政府主导型监管模式

在政府主导型监管模式下，政府部门是会计市场的主要监管主体和执行主体，会计职业团体等行业组织基于其民间地位、发展时间或者设立初衷，还显得比较弱势，其主管机构通常也是政府部门，甚至会计职业团体本身就是一个半官方的组织，仅施行辅助性监督。该模式的优点是：（1）政府监管主体拥有法规制度制定权，因而法律上赋予了会计监管的强制性和权威性。（2）强大的权威性能确保会计监管高效地发挥作用，增强人们对会计规则的认同感和服从度，并对会计信息提供者形成必要的威慑，防止会计市场出现过度竞争。（3）政府监管部门的地位相对超脱，能全面兼顾多方会计信息使用者的需求，更好地维护广大中小投资者的利益，实现社会公众福利的整体提升。该模式存在的局限性，表现为：（1）政府超脱于市场运行，导致会计监管效率不高。由于政府居于社会政治治理结构的顶层，与会计市场的联系较为松散，不能贴近市场，高高在上导致出台的法规和规范可能脱离市场现状，从而造成会计监管的效率下降，或者无效，而政府为了应对市场的快速发展，在监管效率提高滞后的情况下不得已继续追加大量人力物力，造成监管成本的大幅攀升。（2）政府部门掌握的监管权利过于集中，又没有严密、完备的“权责”约束来遏止“寻租”行为的发生，最终导致政府部门被“俘获”，损害整个社会的公众福利。（3）评价政府监管效果还没有统一的标准，难以评判其监管作用是否真正发挥。目前，德国、法国以及日本等大陆法系的国家基本采取政府主导型监管模式。

二、政府引导下的行业自律监管模式

在政府引导下的行业自律监管模式中，会计监管的实质实施者是民间会计职业团体，负责对会计市场的主体进行调节、引导和控制。政府部门基本上不直接参与对市场的监管，授权会计职业团体履行相应职责，但会对会计职业团体实施再监管来保证会计监管的效率和效果。通常采取该监管模式的国家都有悠久的民间审计发展历史和制度成熟、组织完备的会计职业团体，这些民间职业团体力量强大，注重声誉机制，影响面广，能够胜任自身的监管职责，不过会计职业团体也是会计市场的参与者，发挥自我管理作用的同时还需要政府部门予以引导和监督。该模式的优点是：（1）民间会计职业团体得到政府的授权，制定会计监管制度，因其贴近会计市场，了解会计市场的动态和潜在的问题，借助雄厚的专业知识积累，能敏锐地发现现行会计监管制度的缺陷和漏洞，明了会计市场参与者的合理需求和意愿，使得制定的会计监管制度更加及时、适宜和实用，给监管机制赋予了更大的灵活性，提高了会计监管的效率。（2）由专业知识较高、实务经验丰富的执业人员参与微观监管活动，可以显著节约社会监管成本，挖掘和收集更多的信息反馈；当实际的问题和潜在的风险过滤后，政府可以有更多的精力专注于会计市场的新变化和未来趋势。（3）通过自我评价和自我约束，民间职业会计团体在降低监管成本的同时，提升了行业间的竞争意识，活跃了监管市场，促使行业在基本监管规范的约束下提高行业自身的发展实力。但是该模式也存在一定的局限性，表现为：（1）民间职业团体的独立性受限，其成员和运作经费多来源于被监管的对象，容易受到牵制和影响，很难抵抗经济利益的诱惑，不能充分保障会计信息提供的质量；而且一旦出现监管不力就会被质疑和垢病。（2）由于政府部门大多数时候并不直接参与监管，而民间职业团体监管地位的权威性不够，缺乏统一的专门立法支撑，容易导致监管手段软弱，监管力度不足。

三、独立机构监管模式

在独立机构监管模式下，一个独立于政府和会计职业团体的专设机构负责对会计行业进行监管。该模式综合了政府主导型监管模式和行业自律监管模式的特点和优势，具体表现为：(1) 政府与行业自律适度统一，由多个利益方参与监管，更注重社会整体利益，覆盖的范围和视野更为开阔，特别是在保护会计市场中的弱势群体利益方面优势更为突出。(2) 监管的权威性得到保证，也实现了会计信息市场运行的效率和公平目标。(3) 由会计界之外的、主要由代表公众利益、有能力调查和制定审计准则的人员组成的独立机构具有广泛代表性和独立性，很大程度上防止了政府集中监管下的“政府失灵”问题。不过，这种独立机构监管模式也不是完美的，毕竟在现实社会中，绝对意义上的独立是难以达到的。独立监管机构的成员也摆脱不了“社会人”的属性，普遍从维护自身集团利益的角度出发考虑问题，最终达成共识需要在其内部进行大量的沟通协调。“安然事件”后的美国是采用这种模式的典型代表。

第二节　主要国家政府会计监管模式的变迁

如前所述，目前各主要国家的政府会计监管都可归入某一种会计监管模式，或与之类似。美国的会计监管模式是行业自律为主，政府干预为辅的独立监管模式。英国的会计监管模式是以行业自律为主、保护投资者的行业自律模式。日本、法国、德国等的会计监管模式是国家干预的政府监管模式。不过，由于法国、德国还是欧盟经济体的成员，其会计发展进程并非受本国国内机构的主导，由于无法割裂和分离欧盟超国家的区域会计监管组织对成员国的影响，因此本书针对每种会计监管模式而分别选取了有代表性的国别会计监管实践为比较研究对象，考察各国的政府会计监管。美国、英国、日本等国在国际经济发展中占据重要地位，代表比较先进和比较发达的会计学科水平。从会计监管模式变迁的角度回顾各国的政府会计监管历程，并剖析其中蕴涵的变迁特征。

一、美国政府会计监管

美国是目前世界上市场经济最发达、经济实力最强大的国家，其在会计准则制定及会计理论研究方面的成果一直处于领先地位。当代美国企业普遍的组织形式是股份有限公司，且上市比例高，股权分散。发达的资本市场使得所有权与经营权的分离达到了很高程度。

（一）宽松管制阶段

1929 年以前，美国还没有像英国用公司法来规范会计实务。定期向股东提供财务报表还没有成为通行的做法，且会计实务中的随意性很强；股东集体定期访问公司办公室，了解和证实公司财务信息的现象直到 19 世纪 70 年代后期还非常普遍。1899 年纽约证券交易所强制规定，凡在该交易所登记的上市公司需定期提供按规定编制的财务报表。1902 年联邦工业委员会在一份报告中指出：对所有上市公司的信息资料公开性的要求应该是强制性的，其中应包括年度财务报表。其后，虽然陆续有 3 个涉及财务公开的议案提交给了国会，但都未获通过。这一时期，美国最早关于证券交易的法规在 1911 年的堪萨斯州开始实施。当时的会计界提倡独立性和保密性，会计师除了外部审计，还普遍为企业提供咨询服务，如成本制度设计和编制预算，对财务报表独立可靠地发表审计意见等并没有权威、统一的执业指南可供遵循，主要根据实际情况自行判断。

（二）强化监管——行业自律阶段

针对 1929 年股市崩溃及随后爆发的金融危机，美国政府迅速采取措施颁布了《1933 年证券法》和《1934 年证券交易法》，建立了上市公司强制性信息披露制度的法律框架，由此奠定了会计监管的法律基础。两部法律可以说是财务上的公开法，分别调节了一级市场的证券发行活动和二级市场的证券交易活动，但都没有涉及会计确认、计量和报告的具体要求。根据法律建立的美国证券交易委员会（the U. S Securities and Exchange Commission，简称 SEC），不仅监督披露要求，而且还颁布交易行为规则，充当准法律行政官员的角色。在 1937 年发布了第 1 号“会计文告集”后，SEC 的五位委员以 3∶2 的票数否决了自行制定，将会计准则制定权转授给美国会计师协会（美国注册会计师协会 American Institute of Certified Public Accountants，简称 AICPA 的前身），而只负责具体制定会计信息披露规范，但提出了一项附加条件：SEC 对会计职业组织制定的会计准则可行使监督权和最终决断权。随后财务会计准则委员会（Financial Accounting Standards Board，简称 FASB）接手了美国会计准则的制定活动，SEC 依然秉承最初的宗旨，只有当 FASB 制定的会计准则与其监管理念和原则冲突时，才行使否决权，施加干预。曾经，有关物价变动会计处理、石油天然气行业全部勘探成本的资本化处理或成果法处理等准则项目上，双方出现过分歧，且明智地将分歧限制在了准则讨论过程中，没有外化为准则发布之后的撤回及修改，避免了监管主体之间的不协调。

20 世纪 70 年代，美国爆发一系列重大行业监管失败案，政府就此决定加强会计监管，收回监管权。随后，SEC 与 AICPA 联合组建了相对独立的公共监督委员会（Public Oversight Board，简称 POB）。POB 监管注册会计师行业自律情况，并监督和检查 AICPA 的独立性，监管审计报告提交质量和市场公开会计信息的质量，以维护社会公众的利益。这一时期，美国国会通过的一系列法案均强化了 SEC 在监督公开发行证券公司的信息披露上的重大职责，详见表 3－1 所示。

表 3－1　　相关法案中关于信息披露监管的要求

发布时间	法案名称	主要内容
1933 年	证券法	公开发行证券的发行人必须注册备案，提供财务报表等有关文件，保证潜在投资者获得充分信息
1934 年	证券交易所法	设立 SEC，授权其审核监督交易所上市的公司必须提交的注册申请以及年报等；禁止内幕交易等欺诈和不公平交易
1935 年	公用事业控股公司法	州级公用事业控股公司必须向 SEC 注册；防止巨型复杂事业公司滥用权益融资
1939 年	信托合同法	必须向 SEC 注册与公开销售债券、票据等有关的信托合同和补充资料
1940 年	投资公司法	从事证券投资和交易的投资公司必须向 SEC 注册，以减少基金管理中出现的利益冲突
1940 年	投资咨询师法	投资咨询师必须向 SEC 注册，并遵循保护投资者的行为准则
1970 年	证券投资者保护法	
1977 年	外国腐败行为法	对《1934 年证券交易法》的部分修正；要求公司建立会计记录和充分的内部会计控制

续表

发布时间	法案名称	主要内容
1984 年	内幕交易制裁法	针对非法利用内幕信息获利以及与市场操纵和证券欺诈有关的人员，惩罚力度加大
1988 年	内幕交易与证券欺诈执行法	

（三）监管变革——独立机构监管阶段

21 世纪初，美国证券市场遭遇了新一轮的信用危机，安然、世通等公司接连爆发的会计系列舞弊案，再度提醒政府反思上市公司运行环境上的缺陷。一直以来 AICPA 实行自律管理模式，既代表注册会计师的利益又扮演“监管者”的角色。以 POB 为代表的行业自律监管制度只强调会计行业自律，实际上是对承担会计信息鉴定重任的注册会计师的一种放纵（陈郡，2002）。2002 年 7 月 30 日布什总统签署了 2002 年《SOX 法案》，对财务欺诈、上市公司审计委员会建立、公司高管责任以及注册会计师行业监管等方面的监管要求进行了强化，其主要内容见表 3－2。

表 3－2　　2002 年《SOX 法案》的主要内容

章节	名称	主要内容
第一章（101～109 节）	公众公司会计监督委员会	①公众公司会计监督委员会的建立、成员组成和管理权责；②会计师事务所的注册、抽查、核查和惩罚程序等；③审计、会计师事务所内部质量控制和独立性准则制定
第二章（201～209 节）	审计师的独立性	①SEC 对注册会计师及事务所的监管权；②确保审计师独立性的相关制度：限制非审计服务的提供及确需提供的提前审批制度、审计回避制度、会计师事务所定期强制轮换制度以及向被审计客户的审计委员会报告制度等
第三章（301～308 节）	公司责任	①上市公司审计委员会的职能和责任；②公司首席执行官和首席财务官的相关责任：证实财务报告的真实可靠、不影响注册会计师审计行为实施、在养老基金关闭管制期内不从事内幕交易等
第四章（401～409 节）	强化财务信息披露	相关信息披露和复核的具体要求：①定期报告；②预测性财务数据；③管理层和主要股东与公司间的交易；④内部控制的评估与报告；⑤高级财务人员的道德行为守则；⑥审计委员会财务专家委员的信息等

续表

章节	名称	主要内容
第五章（501 节）	证券分析师的利益冲突	证券分析师发布研究报告或者推荐股票时应保持客观和独立，避免或减缓利益冲突
第六章（601～604 节）	SEC 的资源及职权	主要规定 SEC 的经费来源，可获得的财政拨款，以及可行使的证券经纪人和承销商从业人员资格管理权、市场禁入权和谴责惩戒权等
第八章（801～807 节）	公司欺诈及刑事责任	①证券欺诈的认定；②财务报告违规的责任；③刑事责任（篡改相关文件、证券欺诈）；④对妨碍司法和刑事指控判决的复核等
第九章（901～906 节）	强化员工刑事责任	相关刑事责任：①企图和合谋欺诈行为；②邮件及电传实施的欺诈行为；③违反《1974 年退休职工所得安全法》的刑事责任等
第十章（1001 节）	公司退税	要求公司首席执行官签署公司退税的相关证明及其相关责任等

资料来源：Guy P. Lander. The Sarbanes – Oxley Act of 2002, *The Journal of Investment Compliance*, 2002.

SEC 不干涉美国公众公司会计监督委员会（Public Company Accounting Oversight Board，简称 PCAOB）的具体监管活动。为保持 PCAOB 的独立性和专业性，SEC 详细规定了 PCAOB 的人员构成要求。SEC 授权 FASB 制定会计准则，授权 AICPA 制定针对非公众主体的审计准则并监管 CPA 的资格考试，授权 PCAOB 监管和约束从事公开交易公司审计的会计师事务所。由此与会计监管相关的三个组织既在各自权责范围内行使相应的监管权限，又都处于 SEC 的管辖和监督之下。这预示着美国的会计监管模式由行业自律监管转向了由行业外的独立机构进行监管，重视政府在会计监管中的作用，也不全盘否定行业自律，独立监管机构、政府监管部门以及行业自律组织各司其职，实现外部监管和行业自律的融合效果。

无疑，2002 年《SOX 法案》降低了投资者的估值风险，股票的投资价值不会因为欺诈财务报告所掩盖的管理当局机会主义行为一旦揭露而即刻消失，从而极大地恢复了投资者对资本市场的信心。不过，其中的 404 条款由于实施成本过高，招致了实务界的广泛批评。据估算，在 2004 年平均每家公司的遵循成本高达 436 万美元，而大型企业的成本更高达 1000 万美元。对于小企业来说，404

条款的要求更是巨大负担，毕竟为财务报告而建立、评价和审计内部控制所发生的费用中大量成本是固定属性，并不会因公司规模缩小而减少。同时，为避免美国资本市场因过于严厉的监管要求而失去对外国公司跨境上市的吸引力，SEC在2007年放松了监管要求，给予公司管理当局一定的灵活性，可以仅认定和测试最关键和重要的财务报告风险，相应地审计要求也降低了。美国会计监管政策的调整表明，监管机构很难确定一个社会最佳的会计信息披露水平或数量。更具讽刺意味的是，尽管SEC已经督促会计准则制定机构更多地体现原则导向，但其自身的监管理念依然过于规则导向，注重细节化的规则及其遵循，反而忽略了这些规则和要求在促进资本市场运行的同时应符合成本收益原则。

但从另一方面看，2002年《SOX法案》有效强化了上市公司高管层对财务报告的责任，对提供不实财务报告，有证券欺诈主观故意的犯罪行为会被判处10—25年的监禁，个人和公司须分别承担最高达500万美元和2500万美元的罚金。由于犯罪成本高昂，远远高于可能的违法收益，使得提供会计信息的编报环节成为财务报告质量保证的第一道防线，企业管理层应担负起首要且主要的责任。同时，作为资本市场的公共监督者会计师事务所在提供财务报告审计鉴证中的违法违规行为也会受到相应重罚。2005年，毕马威会计师事务所因执业行为不当与美国司法部达成了一项4.56亿美元的和解协议。在2008年的金融危机中，安永会计师事务所被纽约总检察长起诉，指控其配合雷曼兄弟公司粉饰财务报表长达七年之久。2018年2月德勤会计师事务所在美国司法部的指控下支付了1.495亿美元的赔偿金。2018年7月普华永道会计师事务所因在审计过程中未能发现客户欺诈舞弊行为，被美国联邦法院裁定支付6.253亿美元的赔偿金，惩罚严厉程度达到史上最高的会计师事务所罚单金额。上述裁决表明美国监管层对四大会计师事务所审计质量的长期关注，而全球四大会计师事务所审计质量也并非长期不倒的金字招牌。对上市公司管理层和会计师事务所的严密监管构筑了美国会计监管领域的坚实基础。此外，美国证券交易委员会在2011年发布新规，鼓励个人就上市公司及相关组织机构违反联邦证券法规的行为进行举报。凡是提供实质性证据，并最终导致100万美元以上罚款的，举报人可获得罚款金额的10%至30%作为奖金，有效调动了社会各界紧盯资本市场违法违规行为的积极性。在经济利益刺激之下，催生专业的律师团队以此为经营获利的主要业务。作为非常有效的监管手段，高额的举报奖励制度为政府监管主体提供了各类关键监管线索，使得监管资源的利用效率、效果极大提升，显示了严厉、严密监管的决心。

在跨国跨境监管层面，2018 年 12 月 PCAOB 针对在美国上市的外国公司面临审计信息获取困难的问题，与 SEC 联合发布《关于审计质量和监管获取审计和其他国际信息的重要作用声明——关于在中国有大量业务的美国上市公司当前信息获取的挑战讨论》，其中明确表明了对监管部门在信息获取障碍方面的关注。由于业务开展区域及主要市场分布，使得部分中概股公司成为必然关注对象。

二、英国政府会计监管

英国作为近代工业革命和现代会计的发源地，殖民统治和称霸世界长达三个世纪，是世界上最早发展会计职业的国家，也是会计应当“真实与公允”（True and Fair View）地反映企业财务状况及其经营成果理念的起源国。由于英国目前仍通过拥有 40 多个国家和地区组成的英联邦发挥其政治和经济影响，因而其会计理论与实务经验在国际会计界具有重要影响。

在 1970 年以前，英国对公司编制财务报表的约束性要求主要体现在公司法中，长期以来一直缺乏明确、令人满意的财务报告标准体系。对英国建立会计准则作出突出贡献的是英格兰和威尔士特许会计师协会（The Institute of Chartered Accountants in England and Wales，简称 ICAEW）。ICAEW 的理事会在 1970 年成立了会计准则指导委员会（Accounting Standards Steering Committee，简称 ASSC）。1976 年 2 月 ASSC 正式更名为会计准则委员会（Accounting Standards Committee，简称 ASC），它标志着 ASC 已是由构成英国会计团体咨询委员会（Consultative Committee of Accounting Bodies，简称 CCAB）的六大职业会计团体共同组建而成的委员会；在 1990 年以前，英国会计职业是世界范围内的纯自律型的代表。

1986 年《金融服务法》结束了英国证券市场管理的自律状态。1990 年 8 月 1 日英国政府成立了“财务报告委员会”（Financial Reporting Council，简称 FRC），财务报告委员会由来自会计职业团体、证券交易机构、工业组织的 27 名委员组成，其常设机构为财务报告理事会，该理事会的主席和三位副主席由英格兰银行总裁和贸易与工业大臣联合任命，20 名理事代表与财务报告有关的各大利益集团。财务报告委员会的成立改写了英国会计职业界自律的历史，也是财务会计准则制定机构的一次重大改革。其下设的会计准则委员会（Accounting Standards Board，简称 ASB）取代原来的 ASC，负责制定、颁布会计准则；下设的财务报告审查委员会（Financial Reporting Review Panel，简称 FRRP）检查会计准则的执行情况，对上市公司不遵循会计准则的行为采取诉讼裁决和惩戒。这时期英国会计准则的制定和执行机制逐渐带有政府色彩。

2000 年后英国改革财务报告委员会，其经费主要来源于政府部门、会计职业界和财政服务署，英国会计监管模式中行业自律慢慢与政府作用相结合。“安然事件”之后，英国也在行业自律基础上开始强调政府宏观监管，适当干预，但并没有削弱行业自律。英国贸易与工业部负责证券市场的会计监管，是英国管理公司会计事务的政府主管机构，但贸易与工业部一直没有亲自制定过会计准则。贸易与工业部授权财务报告委员会执行部分监管权，后者可向贸易与工业部提供立法建议和咨询服务。英国一直以来主要以民间团体为会计市场监管主体，政府只起监督检查作用；甚至当立法空白时，财务报告委员会的监管措施就等同具有法律地位。不过，监管权力如何在政府与职业组织之间合理分配和协调还存在一定冲突。

近年来与美国审计行业出现的情形类似，安永、德勤、毕马威、普华永道会计师事务所（以下简称“四大”）作为审计作行业的四大巨头，在英国大型上市公司审计业务中也处于绝对垄断地位，伦敦证券交易所上市的前 100 家规模最大企业几乎都由“四大”审计。而资本市场爆出的多家企业破产让人们对“四大”的审计质量又不无担忧，其中，毕马威会计师事务所被指是拥有 200 年历史的建筑巨头佳利来（Carillion）破产的“帮凶”，当时毕马威会计师事务所对佳利来的最新财报鉴证的结论是“至少还可以生存三年”，而时间节点正是佳利来破产前的 3 个月。在此之前，普华永道会计师事务所也曾因不当审计被会计行业监管机构处以 1000 万英镑的罚款。作为近十年来规模最大的破产案，建筑巨头的轰然倒塌成为监管机构意图整顿审计行业的重要导火索。2018 年 3 月，英国财务报告委员会就已经要求调查“四大”是否应该被分拆，之后 5 月该问题被重复提及，直到 12 月英国竞争和市场管理局最终发布报告，建议政府以立法形式促进审计行业变革，将“四大”审计与咨询业务分离，实施“联合审计”制度（即纳入富时 350 指数的上市公司审计必须由两个审计师联合进行，其中一方必须是“四大”以外的机构）。长期以来，随着“四大”的竞争力变得更强，因“太大而不能倒”反而不利于增强审计行业的独立性和竞争性，且“四大”75%以上的收入来源于审计以外的业务，审计和咨询业务导致的潜在利益冲突成为公众和监管机构的痛点。提供咨询服务能获得的更大、更灵活收益冲击了审计质量，上市公司又通常愿意选择与自身“文化契合”的审计师，而非严格的审计师，如此难免审计质量“注水”，导致企业员工的工作、养老金、投资者的投资都将面临巨大风险。

上述改革也体现了与欧盟规定类似的原则。2016 年生效的欧盟审计新规要求，欧洲上市公司应当每 10 年，最多不超过 20 年更换一次审计师，而大型跨国公司则须为欧洲分支机构单独聘请审计师。2019 年 5 月高盛集团聘用英国收入排名第八的本土会计师事务所玛泽（Mazars）从 2021 年开始为其欧洲业务进行审计，而其他业务仍由普华永道负责审计。高盛集团启用新的审计师，对于审计行业监管和发展极具象征意义，既缓和了监管机构的担忧，避免在特定业务区域与公司审计师关系过于密切，影响审计的独立性，又使业务所在地的本土合格会计师事务所获得审计大企业的机会，历练提升它们与“四大”的竞争能力，促进整个审计行业质量水平提高。

在因沪伦通备受关注的跨境审计监管方面，中国证券监管机构与英国监管机构各有分工合作。在英上市公司的审计监管由英国财务报告委员会负责。中国的大型会计师事务所均与英国同行建立了联系合作，在英国上市的公司如果同时使用中国会计师事务所和英国申报会计师（Reporting Accountant）提供的上市审计服务，则由该英国会计师事务所给中国会计师事务所的报告提供担保，英国财务报告委员会就只需对英国会计师事务所进行监管。

三、日本政府会计监管

日本在明治维新之后，最初依照德国和其他欧洲国家的经济发展模式建立市场经济体制，但在第二次世界大战后接受美国的管控，并开始效仿美国。长期以来受历史、文化传统及民族心理的影响以及经济资源缺乏和国内市场狭小的限制，形成了以自由市场经济为主，注重宏观调控的经济模式。在企业会计制度方面，早期体现基本会计规则的《商法》受德国等大陆法系的影响较大。日本早期会计模式为政府主导型，企业目标与国家经济政策紧密联系，注重宏观导向；会计职业团体地位较弱。第二次世界大战后，日本依照美国《证券法》和《证券交易法》制定颁布了本国《证券交易法》，形成了兼具大陆法系和英美法系特色的会计模式。

一直以来，日本大藏省负责证券市场管理及会计准则制定。日本政府在大藏省下设立监管局作为证券市场管理的专门机构，并设置公司审议委员会（政府性质的会计准则制定机构）作为监管局的咨询机构。1949 年以大藏省名义颁布的《企业会计原则》性质上就类似于政府法规。在会计法律规范方面，有法务省早在 1899 年制定的《商法》和大藏省在 1948 年颁布的《证券交易法》。这一时期的会计管理模式是政府集中统一领导体制。

1996 年以来，日本国内经济泡沫严重，不良贷款居高不下，为解决这些问题并促进证券市场的发展，日本政府成立了金融监督厅，将金融监管权从大藏省剥离，转移给金融监督厅，使之与大藏省成为并列的行政机构。与此同时，随着日本企业的普遍萎靡不振，原有的会计信息披露制度也备受质疑；要求改革会计准则制定机构以提高会计信息质量的呼声日益高涨。为完善资本市场的信息披露以获取国际社会的信任，日本推行了所谓的会计大改革（Big Bang）。但是，1997 年的亚洲金融危机进一步损伤了日本金融体系的声誉，日本大企业财务丑闻频发，国内商业银行遭受巨额不良贷款的拖累，日本企业融资纷纷从以银行资金为主的间接融资转向资本市场融资，加剧了国际社会对日本会计制度的忧虑（海外上市的日本企业被要求在其披露的英文年度报告中特别说明，财务报告所遵循的日本财务会计准则与他国准则不同）。2001 年 1 月中央机构改革，金融监督厅更名为金融厅，会计准则的制定权也由大藏省转交给金融厅行使。2001 年 7 月 26 日经金融厅批准，具有民间性质的财团法人财务会计准则基金会（简称 FASF）成立。该机构下设的日本会计准则委员会（简称 ASBJ）也于 2001 年 8 月 7 日正式成立并展开活动。金融厅内部还下设注册会计师监查审查会和企业会计审议会。注册会计师监查审查会根据注册会计师法设立，能独立行使职权，负责审查日本注册会计师协会对执业质量管理状况的调查报告，必要时对日本注册会计师协会或事务所实施现场检查以及对注册会计师实施惩戒处分等。企业会计审议会主要职责是在民间团体工作成果基础上制定企业会计准则与审计准则，对现有企业会计制度予以完善和改进。金融厅对会计准则具有决定权，这标志着日本在形式上放弃了传统的由政府制定会计准则的机制。

在日本，会计行业自律组织的代表是公认会计士（类似各国普遍采用的注册会计师专业头衔）协会。日本公认会计士制度起始于 1926 年；在第二次世界大战后得到正式确立。受“安然事件”之后美国、英国、澳大利亚等西方国家纷纷调整注册会计师行业监管政策的影响，日本政府也对公认会计士制度进行了相应变革。公认会计士协会是日本公认会计士的唯一组织，受到金融厅的监管。公认会计士协会的重要自律活动是负责审计质量控制的自我监管，并参与审计准则的制定。近年来，按照修订后的《公认会计士法》，日本公认会计士行业的监管仍然以政府监管为主，但政府在某些方面适度放松了管制，行业组织拥有了更多的自律权。因而，在日本公认会计士制度的发展历史中，虽然大多数时间一直处于政府的直接监管下，但公认会计士行业逐步壮大，行业组织的力量日益增强，尤其在“安然事件”之后，日本政府并没有一味简单强化政府监管力度，在重点领域和其他领域采取差异化监管策略，有张有弛的监管手段和措施，提高了监管效果和效率，在借鉴国际经验和趋势的同时又保留了本国原有的制度。

2008 年国际金融危机爆发后，以索尼、松下、夏普、东芝等为代表的日本电子企业遭遇转型期的阵痛，电子巨头们集体陷入亏损。在 2011 年日本发生大地震后，一直以“挑战自我为口号”的东芝陷入长期经营困境，亏损严重，而公司高层将口号逐步演变成争取使年报数据光鲜，自 2008 年度以来的税前利润修正额达到 1562 亿日元，与同时期的税前利润总额相比会计违规处理的金额接近 30%。实现盈利目标的压力并非东芝公司特有，对于急于摆脱亏损，处于摸索转型阶段的企业来说，股东往往更加重视年报业绩和股价的涨跌，压力之下公司高管选择迎合盈利目标，持续违规操纵会计处理。东芝在企业治理层面一度被赞誉为走在变革前列，但苦心经营的良好形象却遭受重重一击。财务造假无论时间之长还是金额之大，都令投资者及公众对企业审查、监管的有效性不无担忧。金融厅注册会计师监查审查会开展了严格调查，结果暴露出监管机构无权强制检查企业的权力掣肘。早在 2011 年 11 月 8 日奥林巴斯就承认在过去二十多年中，采取向咨询公司支付高额费用的方式隐瞒一系列并购交易中高达 17 亿美元的投资亏损，2015 年 4 月曝光的东芝事件就成为日本最大的会计丑闻，而相关监管和审计部门同样难辞其咎。

四、各国政府会计监管变迁特征及效果剖析

（一）政府主导和推动了会计监管变迁

中央政府介入会计监管的变迁并成为监管主体，是会计发展的必然规律，

同时受到来自两方面的压力和推动力。压力表现为被迫响应社会公众的呼声以解决会计市场失灵问题，推动力在于最大限度地发挥政府在主观动机和能力上的特有优势，综合利用好各类资源的效能。会计监管的实施会导致高昂的制度成本和实施成本，政府取得和维系会计监管主体地位离不开其权威性和超级政治能量，这进一步保障了政府部门在资源配置方面的能动性，有承担会计监管成本的可能和实力。当政府参与会计监管的总收益高于总成本，实现了既定监管目标（如确立会计监管的方向、夯实监管变迁的制度和法律基础、设计监管变迁的演化路线等）和应有的监管效果，政府就有能力也有意愿参与会计监管。在各国历史和现实发展的进程中，面对市场自发机制的缺陷，政府强制采取的监管机制不失为一种有效替代。建立一套权威性的会计法律法规，同时以更为灵活的会计准则或原则的形式限制会计处理方法的多样性和模糊性，将引导合规会计行为和惩处违规行为的宗旨，落实到国家成文法律的高度，会计监管才能威慑会计舞弊违规行为，而唯有政府才有能力办到这一点，因此，必须由政府强制性地供给和推动会计监管的变迁。

（二）会计监管变迁的直接动因是纠错和改进

在现实中，会计监管的演进总是落后于会计实务的创新，监管过度或超前一定程度上会抑制企业的创新热情，阻碍经济运行的活力，但也难免某些违规或不道德行为利用监管漏洞，借助所谓的“会计创新”实现不当获利。政府的会计监管似乎总是在重大的财务丑闻事件或经济危机的推动下才有所作为。值得注意的是，每当经济危机或财务丑闻爆发，会计或相关的信息披露问题总成为其中不能抹去之痛。会计监管是应对会计市场的失灵，伴随着危机事件的局部和整体爆发而产生的。无论是大范围的经济危机事件还是会计领域的特定事件，都促发了会计监管的再次变革。

20 世纪 50 年代之前，美国政府采取“无为而治”的自由政策，当时股份制公司还没有成为美国企业的普遍组织形式，因而对股份制公司的治理问题也未给予应有的重视。随着股份公司规模和业务发展的急剧扩大，所有权与经营管理权的日益分离成为公司治理的常态，内部经营管理愈加复杂，投资者过于分散，远离公司的日常经营管理，所有者和经营者之间呈现严重的信息不对称。管理当局受逐利动机的驱使，可能隐瞒或不恰当地报告企业财务信息。“强经营者、弱所有者”的公司治理常态及随后的会计舞弊问题激发了投资者对会计监管的最初需求。随着公司经济业务的日趋复杂，和会计监管规则的强化，上市公司应披露的信息内容越来越多，但相应地公司采用的披露“手段”也越来越“高明”。层出不穷的会计实务创新使公司形式上不明显违背法律，但也隐瞒了公司的不利状况。面对不断出现的新问题，会计监管应摆脱单纯的事后细节“修补”，注重原则导向的监管策略，压缩公司可能操纵或选择的会计处理空间，严格信息披露的质量而不仅仅是数量。

（三）会计监管的变迁伴随会计准则制定模式的变革

目前，美国的会计准则制定机构是 FASB，该机构属于民间机构，专门负责会计准则的制定及修订，受到 SEC 的监督。英国的会计准则委员会负责制定、发布会计准则，贸易与工业部对会计准则制定机构有约束力；英国会计准则本身不具有法律地位，但在《公司法》框架内制定。日本的会计准则委员会具有民间性质，会计准则制定的最终决定权由金融厅行使。由此可见，在各国会计监管变迁的进程中，会计准则的制定模式也在发生着渐进式的变革，会计准则制定权也需要竞争。由民间会计职业团体来实施会计准则制定权，符合竞争机制的要求，会计职业界更贴近于企业的各项会计活动，能切实关注各相关利益方对会计信息披露的要求，且对经济环境的变化更为敏锐，能更好地预计、协调和控制会计准则的经济后果。然而，会计职业界在准则制定上的优势并不能保障准则的顺利实施，单纯依靠民间职业自律和市场力量是不可取的，会计准则的权威性被削弱，而准则的执行效果也大打折扣。另一方面，政府集中制定会计准则，能够提高会计准则的权威性，但也可能因为政府的垄断地位而使其丧失独立性。因此，政府与民间制定模式不在于孰优孰劣，关键是会计准则的制定机构能否保持独立性，能否做到公正、客观、中立地维护公众利益。

（四）会计监管的变迁趋势是政府监管与行业自律相融合

在自律监管中增进政府的作用，在政府监管中发挥自律的优势，才是政府会计监管模式的构建和优化方向，这也是被各国政府会计监管的发展变迁史证明的经验。无论是最初单一的行业自律模式或是高度集中的政府主导模式，还是目前更为普遍的政府监管与行业自律模式相结合，都从不同角度充分说明了政府监管或行业自律的监督效果与适用程度都不令人完全满意。一方面，政府拥有立法和司法上的绝对优势，作为公共利益的代表，超脱于会计信息市场各利益主体间的利益牵绊，权威性和强制性能确保政府监管的顺利推行。另一方面，民间行业团体的自律行为缺少权威的立法支持，监督手段较软弱。在应对会计信息市场自身存在的缺陷时，反而容易引发行业内部无序竞争，更可能因为角色冲突，招致其他利益方的“独立性”批评。当然，政府监管也离不开行业自律。政府对会计工作的过多干预，会扭曲会计信息市场的资源配置，而民间会计职业团体代表了市场中的一类参与者，利用其与会计信息市场的接触深度和广度优势，可大量化解政府不必要的监管成本，提高监管效率。随着经济业务和会计业务的日趋复杂，政府在信息反馈和知识存量方面的不足，可能进一步加大“实质性监管”的成本。从西方发达国家的监管实践来看，证券交易所及中介组织等自律性组织担起了实质性审核的重任，成为政府监管的有益补充。在资本市场发展比较成熟，立法执法效率较高，投资者行为较成熟的市场和法制环境下，政府监管理念应转向“程序性监管”。

综上，会计监管的变迁趋势必然是政府监管与行业自律相融合。当然，政府监管与行业自律模式融合的实现方式和程度，机构和制度设计等还取决于各国的社会制度和意识形态等多方面因素的综合影响。任何国家都不能照搬别国的监管模式。某个国家成功的会计监管的经验，却并不一定适用于他国。因而，会计监管具有一定的“地域性”，也许各国政府会计监管的最终实现路径各不相同，但目标和归结点是相似的。

第三节　我国政府会计监管的演进和现状

我国会计工作的管理机构是政府及其财政部门，最早可追溯到公元前 11 世纪的西周，当时就设有“大宰”、“司会”掌管会计。早期官厅会计的产生，就因为其与国家财政收支有着密切的关系，故而为历代君王所重视。

一、我国政府会计监管的发展历程

我国政府会计监管的发展历程大致可分为四个阶段，而在每一阶段会计法律规范体系的核心内容也有所变化。

（一）政府会计监管的初创时期（1949—1978 年）

中华人民共和国成立之初，实行高度集中的计划经济体制，对国家财政收支和经济管理，采取了按行政隶属关系适度分级管理的财政、财务管理体制。

财政部设立会计制度处，之后于1950年将会计制度处改为会计制度司，专门负责具体的会计工作。这一时期制订的会计规范主要是《预算决算暂行条例》和《国营企业决算报告编送暂行方法》，初步搭建了我国会计监管的基础。《预算决算暂行条例》以行政法规的形式确定了我国最初的会计监管体制。企业收支属于国家预算和决算体系的组成部分，各级财政部门负责管理所辖各级企业的财务会计工作，“财政制度决定财务制度，财务制度决定会计制度”正是很长一段时期内我国会计监管模式的特点。

（二）政府会计监管的确立时期（1978—1992年）

这一时期，政府会计监管工作随着经济改革的发展而不断创新，初步确立了我国政府会计监管体制。1978年党的十一届三中全会顺利召开，掀开了我国进入改革开放的新篇章，这一时期《国营工业企业会计制度》《国营企业固定资产折旧试行条例》和《国营企业成本管理条例》陆续出台，恢复和重建了前一时期受到破坏的会计核算制度。此次会计制度的重建只是在传统计划经济体制框架内进行，补充了部分会计科目和会计报表项目，与当时国际惯例采用的模式相去甚远。1985年我国会计领域的第一部专门法律《中华人民共和国会计法》（以下简称《会计法》）制定、颁布，并于同年5月1日起施行，标志着我国会计监管工作走向法制化。为了加强对中外合资经营企业的会计工作管理，财政部于1985年3月4日颁布了《中外合资经营企业会计制度》并于同年7月1日起施行。《中外合资经营企业会计制度》是我国建国以来首次与国际会计惯例协调的会计制度。作为我国会计规范的创新，《中外合资经营企业会计制度》很大程度上借鉴了国际会计惯例的会计处理模式，比如以会计要素设定会计科目，国际主流的会计报表体系，以及引入“资本保全”“无形资产”等概念，开启了我国会计制度全面改革的序幕。这一时期初步确立了以《会计法》为核心的会计法律法规体系，以财政部为主体建立了政府监管组织体系，并开始对注册会计师行业进行监管。

（三）政府会计监管的改革创新时期（1992—2006年）

这一时期，政府会计监管以改革和创新为主要特征，为市场经济的发展扫除了制度上的障碍。随着对外开放政策的深入施行，三资企业的规模和数量都快速增长。为了规范外商投资企业的会计业务处理，财政部相继制定了《外商投资企业会计制度》《外商投资工业企业会计科目和会计报表》和《外商投资企业分行业会计报表及其编制说明》。为了满足股份制试点工作的需要，规范上市公司的会计核算和信息披露，财政部于1992年5月发布了《股份制试点企业会计制度》，对企业会计规范国内协调与国际协调进行了有益尝试。1992年11月30日财政部发布了《企业会计准则》和《企业财务通则》（以下简称“两则”）并于1993年7月1日起在股份制企业之外的内资企业实施。从1997年5月起，财政部还陆续发布了9项具体会计准则，满足了当时资本市场发展对会计标准的迫切需求，因而“两则”等相关标准为股份公司及上市公司的会计行为规范发挥了重要作用。这一时期，还根据各行业生产经营活动的不同特点和管理要求，按行业性质制定了《行业会计制度》，打破了分所有制制定会计制度的计划经济模式。1992年10月，国务院证券委员会（简称国务院证券委）和中国证券监督管理委员会（简称证监会）宣告成立。1993年10月31日我国颁布了《中华人民共和国注册会计师法》。1993年和1999年两次对《会计法》进行了修订，加大了违反《会计法》的法律责任惩戒力度。1998年财政部对《股份制试点企业会计制度》进行了修订，强调会计信息披露的真实性和公允性，并第一次强调了稳健性原则的重要性（项怀诚，2000）。这一时期，伴随社会主义市场经济的深入发展，“两则两制”也逐步退出了历史舞台。2000年12月财政部颁布了《企业会计制度》，彻底打破了行业限制，实现了会计制度的真正统一。《企业财务会计报告条例》《金融企业会计制度》和《小企业会计制度》等陆续颁布、实施，而具体会计准则经过修订和增加，总计达到了16项。至此，我国政府会计监管确立了《会计法》为核心，会计准则和会计制度并存的过渡阶段。

（四）政府会计监管的发展完善时期（2006年至今）

随着经济全球化趋势的深化，跨国上市和投融资活动日益增多，要求我国会计准则与国际惯例接轨。财政部在借鉴国际财务报告准则并注重中国国情的基础上，在2002年正式启动新会计准则体系的建设工作，并对会计准则委员会进行改组，最终于2006年2月正式发布包括1项基本准则、38项具体准则和应用指南在内的会计准则体系。此后，伴随国际财务报告准则的新一轮变革，财政部又陆续新增或修订了部分企业会计准则，涉及终止经营、政府补助、收入、租赁、金融工具系列准则等。现行企业会计准则在继承与发展的基础上，实现与国际惯例的趋同，并兼顾了我国市场经济不发达的国情，会计制度的作用逐步弱化，会计准则的作用和地位日渐加强，是我国会计发展史上的里程碑。当前，我国正处于政府会计监管体制的发展完善时期。政府会计监管体制进一步强化了政府在会计监管中的作用，比如，加大了对参与财务舞弊主体的惩戒力度。

二、我国政府会计监管的现状

目前，我国政府会计监管已经形成一套具有一定特色，较为完善的监管体制，其具备的现实特征表现如下。

（一）会计环境仍然是影响政府会计监管体制的重要因素

我国政府会计监管模式既体现出类似于各国政府监管模式的特点，如强调政府监管的必要性，但在政府享有会计准则制定权，监管目标的确定和监管主体的设置上又包含了中国特色会计环境的特殊要求。

1. 会计法规体系的建立。我国会计法规体系涵盖四个层次，采用民商法的主体结构，以《中华人民共和国宪法》为实行监管的根本大法，会计专门法规构成监管法规体系的基础（郭道扬，2004）。会计法规体系制定过程中结合了法理学的研究，并体现了不同部门之间和职业之间的协调与合作，整个会计法规体系日趋完善。在会计处理的具体规则方面，现行会计准则除了借鉴成熟市场经济的国际财务报告准则，还保持着中国特色，对公允价值概念的引入和运用范围采取了适度谨慎立场。

2. 政府会计监管的目标。张雪南（2009）引用 Lev（1988）的观点，提出会计监管的目标是维护公平，必须以市场公平导向为原则，对会计信息披露进行监管，保证会计信息分布的对称性，使会计信息披露的受众都有平等的机会获取会计信息。中国证监会的网站首页也郑重声明：保护投资者利益是我们工作的重中之重。不过，从实践来看，我国政府监管的目标更侧重于保护国有股东的利益。但随着我国资本市场与国际金融市场的交流合作日渐增多，市场化主体在经济运行中的比重上升，对会计信息披露的规范满足了国有企业改革需求；会计作为剩余计量和产权界定的重要工具，能为国有企业产权改革提供有力支持。

3. 政府会计监管的主体。政府在我国会计监管体系中一直处于高度集中的绝对地位。《会计法》实质性地赋予了财政部门对会计工作的管理权，包括制定和实施会计规范。财政部门一直在我国政府会计监管体系中占据着绝对主导地位，不仅承担宏观调控和国有资产管理的重要职能，且长期从事会计管理工作，熟悉国情特点，制定会计制度和准则的经验丰富。而证券、审计、税务等监管主体对会计的监管只体现了某些特殊目的。因此，除了财政部门的普遍性监督外，其他相关政府部门根据法律、行政法规的授权和部门的职责分工，分别履行各自在相应行业监管职责范围内的监管权利和义务。在多元化的会计监管主体中，应视政府监管目标和导向的变化，确立关键监管主体，发挥辅助监管机构的协作优势，实现政府会计监管的预期效果。

综上所述，具有我国特色的客观政治经济环境影响了我国的政府会计监管模式。这种政府会计监管模式既发挥着政府监管的重要作用，也在某些方面制约着政府监管的监管效率和监管效果。

（二）政府会计监管的会计法律法规体系基本形成

我国的会计法律法规体系主要包括会计法律、会计行政法规、国家统一的会计制度和地方性会计法规四个层次。会计法律是第一层次，具有最高的权威性和最强的法律效力，由全国人民代表大会及其常委会经过一定立法程序制定。会计行政法规是第二层次，由国务院制定发布，通常冠以条例、规定等名称。第三层次是在基本法律法规的统驭下，财政部及证监会等根据授权发布的规章和规则。第四层次是各省、自治区、直辖市人民代表大会及其常委会在与较高层次法律法规不相抵触的前提下，可以根据本地区情况制定、发布地方性法规。多层次的政府会计监管法律法规体系，明确了政府对会计市场监管的法律依据和合法性，详细规定了政府实施监管的原则、目标，监管主体的设置、职责权力以及监管流程和处置程序等等。但不能回避的是，我国现有会计法规体系在法律原则和法律条文上还存在进一步协调的空间，才能形成强大合力共同作用以提高会计信息质量。例如，会计工作中产生的法律关系多属于民事法律关系，而可追究刑事责任的会计行为有六大类型，但《中华人民共和国刑法》和相关司法解释中应追究刑事责任的会计行为范围明显小于《会计法》的涵盖范围。涉及会计法律责任的具体责任人认定时，《会计法》《中华人民共和国公司法》《中华人民共和国证券法》和《中华人民共和国刑法》等均有用词不同的相近表述，譬如“单位负责人”“直接负责的主管人员和其他直接责任人员”，两类承担者是否互相包容或一致？如果不一致，相关法律的立法宗旨是否冲突？当然，2017 年 11 月修订后的《会计法》强调和扩大了单位负责人对本单位会计工作的法律责任，是本单位会计行为的责任主体，有望从根本上解决会计信息失真和假账屡禁不止的现象，避免单位负责人、会计人员和其他人员等不同主体参与责任分担，最终却导致无人负责的后果。

（三）政府会计监管为证券市场的发展发挥了重大作用

随着我国经济体制改革和国有企业股份制改造的不断深化，证券市场的价值发现、资源配置、资金筹集等基本功能正步入合理发展通道。同时，保证上市公司会计信息披露的质量，保护中小投资者在内的投资者群体的合法权益，维护证券市场的有序运行，政府会计监管的必要性和作用愈加显现。在信息披露的具体处理要求方面，通过会计准则对会计信息的规范，政府进一步加强了对证券市场的监管力度。在实施层面上，证监会依法对证券市场进行全程监管，随着 IPO 上市审核由核准制转向注册制，增强保荐机构的审核职责和风险关联，并投入更多的资源和精力放在公司上市后的信息披露监管，违规行为惩处及退市机制上。在独立审计方面，财政部门继续行使对注册会计师行业的监管权，间接促进了上市公司财务报告质量的提升。总体来说，我国政府会计监管在证券市场上呈现出强化趋势，并能与时俱进，根据监管环境和需求的变化，适时调整策略，避免僵化。

（四）会计准则变迁成为政府会计监管变革的重要手段

会计准则变迁是政府加强监管的重要表现和手段之一。从 1992 年《企业会计准则》，到 2006 年现行的《企业会计准则》，体现了政府会计监管主体对会计准则保证和提升会计信息质量作用的认可。从某种意义上说，会计监管包括会计信息披露监管与会计准则监管，且两者之间关系紧密。会计准则规范了会计信息处理和披露的技术程序，直接决定了会计信息披露质量。从各国会计准则的发展历史来看，会计准则在提高会计信息质量方面的作用毋庸置疑。会计准则成为了政府监管的重要手段，自然也被纳入了政府监管的范畴；政府部门直接介入准则制定，或把握准则制定的最终决断权，目的都在于使会计准则充分按照监管部门的主旨思想来发挥监管作用。政府监管力度的强弱就体现在会计准则制定中相关利益各方的博弈。在监管环境尚未成熟，会计创新程度不高时，政府倾向于选择规则导向的会计准则，对会计实务作出明确规定，加强形式上的监管力度。在监管环境较成熟而会计实务更趋复杂和多样时，可以选择原则导向的会计准则，以增强会计市场的灵活性，降低政府监管的被动和滞后。我国政府对会计准则变迁的指导思想适时倾向了原则导向。

第四章　政府会计监管效果的经济学分析

第一节　政府会计监管的优势与弊端

诺思曾经“无可奈何”地说，“没有国家办不成事，有了国家又会有很多麻烦。”这就需要对政府干预经济的优劣进行充分比较，在此基础上科学界定政府的经济行为。尽管政府会计监管也不可避免地存在一些自身无法克服的缺陷，但回顾各国会计规范化的发展进程，政府监管依然发挥了重要作用。因此，充分认识会计监管的优势与劣势，对于制定一套科学的评价方法来指导其实施是不可或缺的。

一、政府会计监管的优势

有关会计信息属性的分析表明，政府会计监管在弥补会计信息不对称性和外部性方面有一定优势。此外，政府会计监管还在以下方面发挥重要作用：

（一）政府会计监管助推了会计发展和变革

在会计发展的早期阶段，官厅会计受到统治者的高度重视，以管理捐税和宫廷财产为主的官厅会计比民间会计更发达，早期的会计规范正是为了满足政府对税负的管理需要而出现的。另一方面，随着政府间的侵略、扩张，会计规则从一个国家传输到另一个国家，在地域间迅速传播。比如，十字军东征间接的将复式簿记规则传播到东方；殖民主义将英国和法国的会计模式移植到了各自的殖民地国家，法国会计就在以前的西非殖民国家盛行。更具代表性的是，在审视 1929 年美国经济大危机时，政府对自由随意、缺乏规范的会计市场采取了全面介入监管。1934 年，根据证券法成立的 SEC 成为美国证券市场的监管机构，并担负起重建会计市场诚信的责任。经慎重决定，SEC 将会计规则的制定权力转授予民间会计组织，但在必要时仍可行使否决权，以体现对会计规则的最终决断权。在之后很长一段时期，公认会计原则被不断补充和丰富，资本市场运行秩序稳定，会计理论和会计实务都进入了空前的发展。

（二）政府会计监管联结了委托代理链条的正常运转

现代企业制度是建立在企业所有权与经营权分离的基础上，而随着资本市场的发展，企业所有权进一步分散，广泛分散的股权必然影响企业所有者对经营者的集中控制力被极大削弱，以脚投票的消极影响方式成为普遍存在。“委托—代理”关系基于所有者与经营者之间的信息不对称而出现，所有者作为委托人，处于信息不对称的劣势一方，经营者作为代理人而掌握明显多于和优于所有者的信息。委托人与代理人之间有着内在的天然利益冲突，企业是委托代理机制下各种契约的联结点，占有信息优势的经营者（代理人）出于私利可能漏报、推迟或错报企业的相关会计信息。此时，委托人实施自主会计监管，必然对监管投入成本和委托人的监管能力提出很高要求。另一方面，委托人进行自主会计监管并不是唯一的可能方法，也不能因此过度干预代理人的合法经营权。而且投资者（委托人）的“搭便车”心态，会促使其以投机行为为出发点，个体自主的监管动机将荡然无存，会计信息质量就不被重视。而统一的会计监管能维系委托代理联接的稳定，一个能代表所有委托人利益的机构就是实施上述监管的合适主体。

（三）政府会计监管能够控制会计信息的经济后果

会计信息的各种决策和行为会影响不同利益主体之间的社会资源分配，导致财富的转移，从而产生经济后果。因此，会计监管的永恒话题就是会计规范的制定权由谁控制；掌握了会计规范的制定权，就直接决定了会计信息的生成标准以及会计信息的经济后果。通常，政府以其权威性和便于推行以及成本优势等更容易获得会计规范的制定权；而会计规范制定权也能优先保障政府乃至国家的经济利益。

（四）政府会计监管在经济转型时期具有特殊作用

各国市场经济的发展都遭受过会计信息混乱的困扰，尤其是在资本市场的建立和完善过程中都无法避免。发生在 1720 年的南海公司事件使得英国公司制企业的发展遭受长时期的拖累；19 世纪中后期英国工商企业的发展又受困于大量的会计欺诈；20 世纪 30 年代混乱的会计信息也成为美国经济危机的推手。具有狭隘性、自发性和盲目性的市场调节在应对会计市场的重大缺陷时已显得力不从心，政府的干预成为必然。就我国来看，在经济体制转型时期，政府要实现国有资产保值和增值，构建和维护社会主义市场经济秩序等基本目标，需要平衡和维护有关各方的利益，实施会计监管是有效的手段和途径。我国的政体性质和立法赋予，使得政府在会计监管领域拥有至高无上的权威；财政部在行政上管辖会计职业组织，使得职业团体的社会影响力不高，组织和会员的公信力以及能起到的监管作用都有限，政府的扶助十分必要。另外，我国投资者中个人投资者和机构投资者的数量有限，还有不少投资者对企业财务报告的编制以及报告内容的理解不够清楚透彻，现阶段我国资本市场还不成熟，这些监管环境的薄弱因素客观上为企业的会计违规行为及逃脱惩罚创造了空间，应对会计信息多施加“强制监管”，减少“宽松自由”（刘永泽和张玉娇，2003）。此外，政府监管较于行业内部监管而言，其监管机构具有超脱于市场竞争者的独立性，而且各类综合性和专门性法规制定齐全，保证了监管的权威和严密性，在监管职能发挥上，能做到公平、公正和严格，从而有效地克服市场失灵现象。

二、政府会计监管的弊端

管制失灵论者认为，市场失灵并不一定导致政府监管，而前者只是后者存在的必要条件。一方面，在决定是否采取政府监管措施时要权衡监管的成本和收益。另一方面，监管机构并不掌握充分完备的信息，当初制定监管政策时的出发点虽然好，实施结果却可能偏离初衷。再次，监管机构也可能失灵。从现实角度看，监管机构为公共利益着想的假设可能依然是个假设，监管机构并不一定真正关心社会福利的改善，一项监管政策的出台往往是利益集团游说监管机构的结果，或是监管机构迫于政治压力下的妥协产物。从这个意义上说，会计监管更是个政治过程，实现最佳社会效益的监管点只是一个理论上的理想状态。具体来说，政府会计监管的缺陷表现为：

（一）政府会计监管无法完全解决信息不对称和外部性问题

政府对经济活动进行干预，并不能确保杜绝市场经济运行所遭遇的类似缺陷。即使政府依靠权威能够获取任何信息，免受信息不对称的困扰，也会因与信息源（经济运行前沿）相距较远，面临信息自下而上逐级汇总、累积程序的耽搁，使得及时性强的信息在传送的过程中不可避免地失去了存在价值，政府据此而作出的各种决策必然滞后于变化中的经济现实。当会计问题或缺陷处于萌芽状态时不会引起政府的足够重视，只有涉及面广、影响严重的会计问题才会促使政府采取行动和措施。显然，当风险恶化已经造成无可挽回的社会损失时，受信息滞后的影响，政府已不能提前或及时干预，不得不采取的事后应急措施反而进一步加剧了经济和社会震荡。除非到了对弊端非治理不可时，政府一般不会轻易采取规制措施。譬如投资者保护思想的形成，是证券业监管的核心议题，这起始于美国1929年爆发的经济危机。股票市场的崩溃引发了美国国会对投资者信心的深入思考和担忧。罗斯福总统在建议国会通过《1933年证券法》的信中强调了立法的目的是在尽可能不干预诚实商务的情况下保护公众。此后，美国便颁布了第一部联邦证券法以保护投资者利益。

政府监管在力图纠正会计信息外部性的同时，也会产生监管的外部性问题。"阿弗奇—约翰逊（Averch - Johnson）"外部性效应就描述了这一现象，政府从保护消费者利益出发，限制公司收取较高价格的能力；当资本市场因公司报酬率潜在下降而产生资本价格下行压力时，被监管公司的资金成本下降，资本融资更加低廉，可能诱发资本利用效率的下降。产生政府监管外部性的原因是什么？首先，面对政府监管的超强供给数量的集中冲击时，市场以及公众没有足够的反应时间考虑潜在的外部性；其次，政府事先无法确定监管的社会需求总量，使得监管过度或不足的外部性，很难在监管行为实施之初被准确观察到；再次，政府监管机构因短期利益和目标的束缚，可能完全忽视这种外部性；最后，监管机构因自身能力所限，无力控制和治理这种外部性。

（二）政府垄断会计规范制定权导致政府监管的效率低下

斯蒂格利茨认为，政府垄断是真正意义上的自然垄断，政府希望成为垄断者的主观意志，可通过法律的形式确认其垄断地位而实现，这与市场主体充分竞争后获取的垄断地位不同。政府监管的垄断性导致：（1）政府的监管权力不受约束，缺乏有效组织的社会公众客观上无力（无法挑战和动摇政府的权威性）且主观上不愿（"搭便车"心理）约束政府的监管行为，导致监管权力有滥用之虞；（2）政府官员追求自身利益，被监管者有寻租空间，导致社会资源的极大浪费；（3）监管权力被政府垄断，不面临实质性竞争；立法给予政府会计规范的制定权，却没有明确谁来监督政府监管，以及政府监管效率低下甚至无效时应承担的责任。当政府监管的有效激励机制欠缺，政府监管效率的量化标准难以明确时，评估政府监管的产出质量和运行效率将成为棘手问题。

（三）政府会计监管使集体协调性成本增大

政府会计监管政策的制定可能涉及多层代理关系，或是职能部门之间协调的结果。如果受到有效机制的约束，集体协调的过程中会吸纳各方的力量和智慧并实现互补；否则就是利益协调未果导致的推诿和牵绊。首先，信息的获取、加工过程和决策过程被分开。每个环节可能因规模经济而提升效益，但同时也延迟了信息的传递，出现信息滞留和停顿；其次，多次协调导致权力多次分配，部门内部和部门之间可能为追求局部利益而引致协调不顺，发生巨额的摩擦成本，从而降低监管效率，拖延监管政策的及时发布。如SEC经过慎重的投票表决，认为将会计准则的制定权转授会计职业界，只保留会计准则的最终决断权是恰当之举。既充分尊重并利用会计职业界的才智和丰富经验，提高会计准则的公正性和被遵循程度，又减轻了财政负担。日本曾在大藏省下设证券司，大藏省与证券司呈领导与被领导的关系。这样虽然增加了委托代理层次，监管效率会受到一定影响，但也避免了两者之间在权力上的对峙和僵持。最后，政府部门教条、僵化、办事拖沓的官僚作风难以完全规避。

（四）政府监管目标的多重取向导致政府角色的冲突

由于政府既是社会生活的管理者，又是宏观经济政策的制定者和执行者。在政府干预经济活动时，首先要确保一些政治目标，如稳定团结、社会公平等的达成，更可能为了政治目标而不得不牺牲经济效率。因此，政治决策和经济决策往往难以孤立考虑，在考虑经济问题时，出于政治牵绊，政府可能未遵循经济效率原则，经济政策不一定是客观存在的理性最优。政府在经济转型时期，身兼资产所有者与管理者职责，导致自身目标多元化，牵引企业行为服从政府的多元化要求，影响企业作为市场主体的自主决策。政府目标的多元化潜在拓宽了政府监管的活动边界，对政府监管行为的评估将更加难以实现。此外，与自律性机构相比，政府机构离市场较远，掌握的信息相对有限，而且不便于随时察觉市场变化，使监管滞后。

“政府干预的后果是既解放又束缚，既创造又毁灭（亚当斯，1886）”正是“看得见的手”政府监管的“双刃剑”效果。当前国内外证券市场的一系列事件表明，虚假会计信息并非个别国家的特有问题，也不是新兴市场的特有问题，加强政府会计监管已是世界各国的共识。在会计监管过程中必须完善会计监管机制，把握会计监管的方向，科学界定政府行为。

第二节　有效政府会计监管的模型构建

一、成本—收益分析

成本收益分析是在经济分析中运用比较普遍的一种分析方法，且任何一项宏观和微观活动都受到成本收益因素的制约，都应尽可能以比较低的成本获取较大的收益。政府参与构建和维护会计信息市场的运行秩序，作为一个量化指标，监管程度表明政府监督会计信息处理和披露、违法违规惩戒和强制性审计等各个方面的松严程度。理论上，政府为保证会计监管效果，必然持续强化会计监管频率和举措执行力度，但随着监管资源的投入，监管的显性和隐性成本上升，引发监管成本和收益的权衡。由于影响监管的因素众多，且牵扯面广、量化难，监管的"度"难以把握，但从理论和规范研究角度分析，政府会计监管确实存在着适度的问题。政府会计监管的供应是否存在最佳数量？如何界定？政府会计监管成本收益模型能对此给出基本的回答，即监管适度的界限。

（一）政府会计监管的社会成本

一般认为，严格的披露要求会提升证券等交易市场的流动性和效率，降低公司的资本成本。如果该观点成立，必然导致一个问题：既然披露是有益的，为什么公司不自愿披露呢？如果披露符合公司的最佳利益，那么就没有必要对披露施加监管了。而且，Ross（1979）、Grossman（1981）和 Milgrom（1981）曾指出，缺乏披露或披露不足被市场看作是"坏消息"，必然迫使拥有信息的一方自动均衡地披露其掌握的信息。因此，要求既定信息披露的监管似乎就是多余的了。然而，在现实中鲜有完全的自愿性披露，公司典型地表现出只作监管要求程度的披露。原因之一可能是披露对公司而言是有成本的。信息披露会发生成本，而成本随着所披露的信息的水平（数量或质量）提高而增加。许多模型也表明，成本的存在是基于公司管理层与外部投资者之间的信息不对称。上述成本中还包括投资不足导致的损失，以及公司股票的市场流动性缺乏带来的成本。首先，信息的生成和发布需发生直接成本。特别是，信息需要经第三方，如会计师事务所来公布或鉴证。其次，披露向公司的竞争对手或其他战略合作或交易方揭示的信息，可能使得公司因此丧失竞争优势，或失去议价能力。不过，Fishman 和 Hagerty（1998）也指出，即使披露的成本巨大，也并不表明披露监管就是必然或预期的行为。考虑到披露的成本，很可能公司的披露政策或选择是符合社会福利的最优决策。Foster（1980），Easterbrook 和 Fischel（1991）也从外部性的角度讨论了信息披露监管；Dye（1990）采取风险共担的角度讨论了多家公司价值相关情形下，所有者来选择公司的信息披露水平。披露监管要求或鼓励公司做出更多准确信息披露，有其存在的合理性和价值。监管所带来的益处源自其引发的外部性，即帮助各个公司内化部分因自身信息披露所带来的社会价值。

赵玉献（2009）认为，政府会计监管的社会成本包括监管机构直接实施管理、指导等相关活动上的成本消耗[①]，比如，维系监管机构日常运转的成本、监管规则的制定成本、监管规则实际执行的考核成本等，这是与会计监管主体直接相关的支出。被监管者对会计监管不可避免有一个适应过程，在适应过程中可能会产生摩擦和阻碍，监管导致利益集团的既有利益转移或再分配的程度即经济后果的覆盖范围和影响也是驱动会计监管执行成本的主要因素。同时，会计监管决策和政策也存在认识滞后、实施滞后和效果滞后的问题，为了保证监管执行符合最初的预期目标，监管实施过程中应及时调节并控制监管机构的自利倾向和立法不完备而带来的社会不利影响和损失，也必然需要相应的维持和纠正成本。另外，会计监管的间接成本与被监管者直接相关。由于会计监管的存在直接影响并作用于被监管者，一定程度上增加了经济环境的变数和不确定性，打破被监管者在监管实施前形成的惯性和稳定，从而影响处于被监管方的各类利益相关者的相关决策。总之，会计监管社会成本的承担者主要是监管机构和被监管者。

（二）政府会计监管的社会收益

政府会计监管的社会收益包括政府监管目标实现的预期收益，直至社会资源配置优化的持续改善，具体可表现为企业会计信息披露违规减少，会计信息使用者基于更充分信息的决策改进以及在监管国际合作背景下国际化进程的协调程度等等。不过，正如美国会计总署 1997 年指出，量化会计监管收益的难度

① 赵玉献：《政府会计监管模型的选择与分析》，《中国管理信息化》，2009 年第 7 期。

要远高于监管成本。会计监管也是一种公共产品，具有外部性，其受益对象很难完全识别，更不用说精确量化，只能从理论角度或是个案分析的视角加以研究，而且多以定性研究为主。以美国 SOX 法案为例，围绕该法案对内部控制及审计方面的监管强化要求，Gwilliam、Macve 和 Meeks（2009）探讨了相关的社会收益：（1）更广泛和严格的内部控制要求帮助识别诸多的内部控制缺陷和重大风险点，提升财务报告质量和投资者信心；详细完备的文档记录也是内部控制信息的书面沟通，有助于培养员工的控制观念，促使控制流程趋向合理和稳定；（2）潜在的审计失败风险促使公司和审计师更加重视管理环境控制及其连续性，如果公司不遵守要求，将面临债券评级、贷款和股票价格等方面的巨大风险；更加注重内部控制的过程评价，一旦出现问题，双方应共同承担责任。此外，其他学者也曾尝试寻找会计监管收益的替代变量，如斯蒂格勒以投资者在监管前后的收益变化来衡量监管收益，其常见的替代变量有投资报酬率、价值相关性等。

（三）政府会计监管的成本收益权衡

根据上述有关政府会计监管成本和收益的理论分析，政府会计监管成本收益模型的构建如图 4－1 所示。

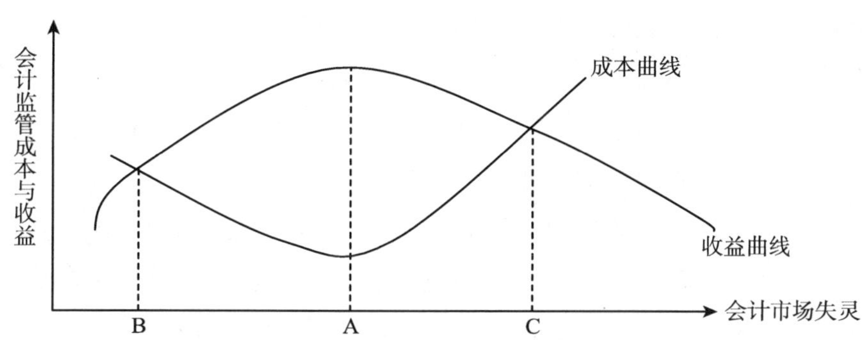

图 4－1 政府会计监管的成本与收益

从图 4－1 可以看出，在监管机制不完善，很大程度上依靠会计信息市场的自发运作时（B 点左侧），依靠会计信息自愿披露无法保证会计信息的质量，会计信息市场出现失灵，诱发高昂的社会成本，收益曲线向左下方下滑。一旦政府加大对会计信息市场的干预，且监管机制日益完善，监管的社会收益逐步增加，市场对监管机制逐步认可，监管的社会成本也开始下降，直至 A 点监管的社会净收益最大，此时会计监管的效果最佳。如果政府继续增加会计监管的供给，越过A点，将导致监管直接成本增加，更有可能因多个监管部门的交叉实施监管导致协调性成本增大，或因被监管者的抵制，更多利益集团的游说，及因监管牺牲效率可能带来的机会成本等间接成本等，经过一段时间的抗衡，监管增强反而导致成本收益差缩小，收益曲线向右下方下滑，至C点监管产生的收益全部被抵消，如果监管严重过度，推动收益曲线继续向右下方下滑，势必又走向会计信息市场失灵。由于监管者的监管行为具有内在的扩张惯性，面对频发的各种违规披露事件，政府的第一反应通常是施加更多监管，毕竟危机之下留给政府审视现有监管水平，查找监管漏洞或疏忽的时间也不充分，而政府监管行为无法有效地予以再监督、监管行为的经济后果及滞后性等进一步推动和加剧了政府的过度监管。所谓过犹不及，政府实施的会计监管必须适度，如果从政府监管供应数量的角度来评价政府监管的效果，那么监管不足或缺位以及监管过度都是低效甚至无效监管，都妨碍了会计信息市场资源的最佳配置。

当然，适度本身是个动态的衡量标准，政府会计监管的适度除了体现在供应数量上的合理水平，还表现为与会计信息市场中众多的民间监督主体（会计职业界、企业和公众媒体等）之间的互动和协作。民间监督主体在监督重点、监督措施和影响方式等方面都与政府监管主体有差别。具体来说：（1）会计职业界强调职业自律，采取行业组织自律性监督，每位组织成员必须遵循的职业道德观贯穿于会计行为主体的日常行为规范，能从根本上解决问题，这是政府会计监管无法企及的。（2）企业自身从追求利润的目标出发，积极完善企业内部控制，为政府会计监管提供了扎实的基础，但对经济业务创新和会计创新的主观动机又成为了政府会计监管的潜在性压力。（3）媒体监督能及时为政府监管提供线索，及时跟踪和发布相关会计违规行为，引发的社会舆论和关注促使了政府监管行为的进一步规范化。因此，政府监管供应数量的动态调整是一个与民间监督主体之间协调的过程。政府会计监管关注的领域应限于影响面广、存在市场失灵的潜在危险并且符合成本效益原则的宏观经济事项。政府应采取灵活的适度监管，注重原则性，发挥其他监管主体的作用，合理分工、互相促进，在协调好与其他监管主体之间关系基础上，努力提升政府自身监管的效率。

二、博弈分析

当整个行业处于仅有一家公司的情形时，没有会计信息披露监管的必要。

此时，对公司最佳的披露政策也是社会最优的选择，因为该公司能捕获交易中产生的全部盈余或福利。当整个行业有多家公司存在，且公司价值彼此相关，信息披露过程产生了外部性，监管就成为一个值得关注的问题。当公司彼此之间存在信息对称时，多家公司自愿性披露博弈会达成一个或两个纳什均衡。如果有两个平衡，那么其中之一总是完全不披露，而另一个则是所有公司都做一定的披露。如果对应不同公司的参数各不相同，也可能无法达成（纯策略）纳什均衡。通常纳什均衡与社会最优均衡相比，纳什均衡的结果往往是低效的，因为每家公司的信息披露决策并没有考虑信息外溢效应，也就是某一公司的披露可用于其他公司价值评估。在信息披露中可能同时存在过度投资和投资不足。在公司间价值显著相关时就会存在这种无效，并随着相关性增加而更加严重。这些结果表明，对信息披露的监管存在一定提升社会福利的空间。信息披露监管带来的收益会更加显著，特别是在有多个博弈均衡共存的情况下，此时，一类博弈均衡（完全不披露）可能会抑制其他均衡的出现，而监管可以消除完全不披露的均衡结果。如果没有均衡达成，监管也可以帮助恢复某类均衡形成。

再从参与会计信息披露监管博弈的双方来看，完全信息会计监管博弈模型假设参与者仅包括监管机构和被监管者。监管机构可采取的策略选择为实施监管或不监管，被监管者的策略选择是会计信息披露合规或违规，并假定只要监管机构实施监管，那么，被监管者的违规披露行为就必定会被发现和惩处。被监管者作为理性经济人，其决策依据便是比较两种不同决策的期望收益。假设被监管者违规的预期收益为 R'，合规的预期收益为 R（$R<R'$），监管机构对被监管者违规实施惩处的罚款为 F，公司因违规查处而招致的市场声誉损失为 L。再假设监管机构的监管成本为 C，被监管者违规给市场造成的预期损失为 A（$A<F-C$），则对应不同策略组合的完全信息监管博弈矩阵如表 4-1 所示。

表 4-1　　完全信息会计监管博弈矩阵

		被监管者	
		违规	合规
监管机构	监管	$F-C-A$，$R'-F-L$	$-C$，R
	不监管	$-A$，R'	0，R

根据上述完全信息监管博弈矩阵，我们用 λ 表示被监管者违规披露的概率，

θ表示监管机构采取监管行为的概率，E_1和E_2分别代表监管机构和被监管者的期望收益，则

给定λ，监管机构实施监管（$\theta=1$）和不监管（$\theta=0$）的期望收益分别为：

$E_1(1,\lambda)=(F-C-A)\lambda+(-C)(1-\lambda)=(F-A)\lambda-C$

$E_1(0,\lambda)=-A\lambda+0(1-\lambda)=-A\lambda$

解得$E_1(1,\lambda)=E_1(0,\lambda)$，得$\lambda^*=C/F$

给定θ，被监管者选择违规（$\lambda=1$）和合规（$\lambda=0$）的期望收益分别为：

$E_2(\theta,1)=\theta(R'-F-L)+(1-\theta)R'=-(F+L)\theta+R'$

$E_2(\theta,0)=\theta R+(1-\theta)R=R$

解得$E_2(\theta,1)=E_2(\theta,0)$，得$\theta^*=(R'-R)/(F+L)$

最终，表4－1完全信息监管博弈矩阵的解是：$\lambda^*=C/F$，$\theta^*=(R'-R)/(F+L)$，即政府监管机构采取监管行为的概率θ的临界值为λ^*，这取决于监管实施成本和被监管者违规罚款的共同作用结果；被监管者违规披露的概率λ的临界值为θ^*，取决于被监管者违规的预期增量收益、违规罚款和声誉受损的共同作用结果。

当被监管者违规披露的概率等于临界值λ^*时，监管机构可以随机地实施监管或者不监管，两种策略的收益没有差异；如果被监管者违规披露的概率大于临界值λ^*，实施监管才是监管机构的最优策略；如果被监管者违规披露的概率小于临界值λ^*，不实施监管才是监管机构的最优策略；监管机构的最优策略是不实施监管。另一方面，被监管者的最优策略因监管机构实施监管的概率不同而不同。当监管机构实施监管的概率大于临界值θ^*时，被监管者会采取合规披露；如果监管机构实施监管的概率小于临界值θ^*，被监管者就倾向于违规披露；如果监管机构实施监管的概率等于临界值θ^*，合规披露或者违规披露对被监管者来说没有收益差别。

上述博弈模型的均衡解只是给出了监管机构何时实施监管的一个简单选择，它取决于监管机构与被监管者之间的博弈，从结果中可看出各个临界点状态的确定取决于监管成本、违规惩戒的罚款、被监管者的预期收益和损失等因素，当然单纯的数学模型不能涵盖影响监管机构和被监管者行为的所有复杂的现实因素，不过经济学意义上的抽象判断，仍然可以为现实提供重要的参考。比如，被监管者的违规行为显然会受到违规处罚力度的约束，如果违规被查处后企业及高管都要面临重罚，则其违规的可能性就小，反之亦然。如果监

管机构实施监管的成本越高，继续或进一步加强监管的意愿就会弱化，假设其他因素同等的情况下，被监管者选择违规的概率就越高。在现实中，由于违规处罚的力度不够，违规成本较低，导致被监管者相机选择违规披露，因此被监管者的违规动机也能从会计监管的博弈分析中得到解释。而政府监管部门则应制定合理的监管措施，鼓励社会监督，尽量减少监管成本。不过即便在政府实施监管的情况下，如前所述还是存在一个监管总量或度的问题需加以考虑。

显然，如果监管机构能为每家公司专门设定（可能不同的）披露水平要求，就可获得社会最优的结果。这必然要求监管机构掌握每家公司与其他公司交易活动的详细信息，而且如果公司本质上不同，监管机构就必须为每一家公司制定一个具体的标准，如此一来，监管可能就不具现实操作性。因此，我们应该关注的是适用于所有企业的统一的信息披露要求。在某些情况下，一个统一的信息披露要求可以改进社会福利（在信息对称情况下可以导致社会最优结果）；但也有些情况，不能借助单一的最低披露水平要求来改进社会福利，监管机构就应尝试为不同类型（诸如按规模或行业区分）的公司制定相应的标准。然而，要界定一个明确的披露水平从而实现监管收益，并不是容易的事。在某些情况下，任何监管都是有害或不必要的。而且，即使存在提升社会福利的监管空间，最优的监管结果对各种先决条件非常敏感，一旦监管不当将导致高昂的代价。

第三节　政府会计监管效果的评判标准

一、政府会计监管效果的评价维度

（一）政府会计监管机构的独立性

尽管各监管主体有明确的监管职责和侧重点，但现实是我国政府会计监管各部门多头领导，实施多头监管，彼此之间不协调。多头监管不但使政府各个部门难以公平、公正地实施本部门职责范围内的监管，而且还严重影响政府之外的其他市场监管主体的独立性。随着证券市场的设立和发展，证监会也一并承担了对上市公司范围的会计实务的监管责任。除财政部和证监会以外，政府其他监管机构监管的出发点和主要目的通常不在于会计信息，但他们的监管活动事实上又离不开会计信息（陈汉文，2001）。由此必然导致多头监管的现象存在，多个监管机构在执行监管时会因为监管权力上的彼此重叠，而导致监管过度或监管不足，甚至是监管真空。例如，证监会是我国证券市场上最直接、权威的管理者，负责规范上市公司的信息披露，但财务报告等会计信息披露的规范权又由财政部行使；证监会与财政部之间存在监管权力的重叠。具体来说，证监会对上市公司真实、准确、完整、及时地披露信息负有监管职责，以确保信息披露质量；但作为核心的上市公司会计核算、信息披露所遵循的会计准则却不在证监会的制定权限内，而由财政部门负责；其直接后果是有些规范彼此冲突，相关的上市公司业务核算和信息披露面临规定不明确、要求相互矛盾的状况。因此，在多元政府会计监管主体中，应确立关键监管主体，各监管机构的职责范围既要界定清楚、合理分工，又要密切合作、形成合力。

政府拥有会计规范的制定权，若政府在会计规范制定上出现低效或无效行为时，由谁进行再监督？立法虽然赋予了政府权利制定会计规范，却没有明确的责任界定。因而，在会计规范制定上政府的权力与责任是不对等的。例如，财政部既制定会计准则，又负责会计准则执行情况的监督检查。王建新（2001）认为，（政府）制定（会计政策）并监督（会计政策）执行的模式，其弊端在于，博弈机制缺乏独立性。作为监管者，财政部可以监督企业执行会计准则的情况，但会计准则本身的质量如何评价和监督？我国会计准则在一定程度上借鉴了国际财务报告准则和美国公认会计原则这些准则标杆，结合了它们在主要国家的使用经验以及我国的实际国情，虽然会计准则的质量不可否认，可始终没有某个政府会计监管部门或机构被立法赋予评判会计准则质量的权限。换言之，会计准则质量的监管处于监管的空白地带。由此产生一个问题，如何“监管监管者”？政府会计监管机构的独立性又该如何保证呢？一些学者从会计监管机构的组织设计上提出了设想。如，黄世忠、杜兴强和张胜芳（2002）认为①，可以借鉴美国“公众公司会计监督委员会”的设立思路，建立政府主导的独立

① 黄世忠、杜兴强、张胜芳：《市场政府与会计监管》，《会计研究》，2002 年第 12 期。

监管模式，成立会计监管基金会，其成员由来自政府部门、投资者、会计信息编报企业、注册会计师行业的代表构成，充分体现会计信息使用者、会计信息提供者和会计信息鉴定者的三方意愿，同时设立会计监管委员会，其全体成员均为高薪的专职人士，同时也是具备丰富理论和实务经验的会计相关领域的专家，由他们集体进行独立的监管决策；会计监管基金会负责会计监管委员会的成员任命和运作经费的审核批准，并对会计监管委员会的决定保留最终决断权，以确保政府监管机构的权威性、代表性和独立性。穆雄（2004）建议，由全国人大或国务院发起，在组织设计上，将政府会计监管机构列入全国人大或国务院的领导之下，集中统一行使立法、监管和处罚权，避免企业因不同的部门按各自不同标准进行监管而无所适从。从而在组织设置上维护政府监管的权威性和独立性，有效克服政府会计监管各部门的本位主义，避免多头监管，降低政府监管成本。

（二）政府会计监管的透明度

SEC 前主席 Arthur Levitt（1997）提出了高质量的会计准则应当实现的主要目标，其中之一是“导致可比、透明、完全的信息披露”，至此，会计学术界和实务界以透明度概念作为会计信息披露的衡量标准，而会计信息不透明指数可被用于衡量会计政策实施水平的高低（谷祺，2005）。表 4 – 2 概括了各监管机构和学者对会计透明度的定义。会计透明度站在会计信息使用者需求的角度，对会计信息质量提出了综合要求。政府会计监管的透明度则站在监管效果提升的角度，要求政府会计监管的规则、程序、内容和结果必须公开，而且公开机制被确立后，就能成为监督政府会计监管的有效机制。一旦监管部门的权力行使和监管行为被社会公众所了解和监督，就能提升政府会计监管运行过程的透明度，发挥公众力量，真正实现对监管者的监督。诚然，政府监管制度的设计和监管政策的实施是政府会计监管效果的主要决定因素，但被监管者对监管制度和政策的认同也至关重要。在会计监管规则的制定中，应提高公众参与度，体现各方利益，尽可能广泛地吸收、采纳各方意见。我国前几次的会计变革主要依赖政府和专家大规模地引入准则，但是大规模引入国际财务报告准则是否适合于我国企业，会计监管政策能否被大多数企业接受并支持，单单依靠政府和少数专家所进行的数量有限的调研并不足以回答会计准则本身的适宜程度以及监管政策的接受度。

表 4－2　有关会计透明度的定义

提出者	定义	评价
SEC	从会计信息使用者角度看，交易或事项的实质以及会计处理都是透明的。	交易实质透明，相应的会计处理也透明。
Bushman 和 Smith（2003）	从企业对外披露信息的使用者角度看，信息发布广泛，易于获得；与公司治理透明度一起构成公司透明度。	强调信息的公开和可获得性。
魏明海、刘峰等（2001）	具体包括：①会计准则应是正式、清晰、准确、易理解和普遍认可；②完备的会计信息披露监管制度体系；③高度遵循会计准则；④对外提供信息的频率足够高。	强调会计政策的一致性、有效执行以及对外披露。
葛家澍（2004）	透明度是一种总体质量，可分为狭义和广义两种，透明度的狭义解释等同充分披露，广义解释等同高质量。	透明度是涵盖其他信息质量特征的综合指标。
王艳艳、陈汉文（2006）	透明度是会计盈余能否反映企业真实经济盈余以及反映程度，也代表投资者借助会计信息明白企业经济行为实质的程度，信息含量决定透明度高低。	透明度代表一定的信息含量。

不可否认，在会计规范的制定和实施中，会计信息利益相关者的影响力正快速凸现，这其中也包括数量众多的被监管企业。于慧芳（2008）提出，未来会计监管政策的制定和实施应该在充分博弈的基础上完成，应该激励市场主体参与监管全过程；除了扩大监管政策制定机构的广泛代表性，更应在政策制定程序上提高公众的参与度，提升会计监管的开放性，最终引导市场形成对高质量会计信息的自发需求。充分的信息沟通能实现双向交流，既有利于广泛收集民间意愿，也能增强政府会计监管工作的透明度，为非政府的民间监督主体及社会公众打通信息渠道。此外，政府会计监管机构还应积极回应被监管者反馈的信息，认真搜集、精心整理、深入分析、充分归纳、仔细鉴别、热诚回复各类反馈信息，既是对参与沟通各方的尊重，进一步提升其参与的积极性，又能促进政府进一步制定和完善会计准则和会计监管政策，矫正政府监管行为，有效地自动趋于目标达成。而政府会计监管透明度也能提升企业的会计透明度，增强企业对政府的信任感。张勇（2005）提出将“会计透明度”作为衡量证券市场会计信息监管的标准。总之，在现行的会计监管政策制定程序中设置被监管企业参与的渠道，寻求被监管者对会计监管的支持，是提高会计监管效果、

降低政府监管失灵的有效措施。

（三）政府会计监管的效率

一直以来，我国政府的行政效率被认定为“低下”，虽然这种认定仅是理论研究的结果，或存在于各种有关行政效率的社会评价中，还缺乏足够的现实证据予以支持。行政效率的高低，是衡量行政活动成败的标准，也是推进责任型政府、服务型政府和效率型政府建设，增强政府执政能力，塑造有效政府形象的重要一环。政府会计监管可能因资源消耗不太敏感，放松了成本收益原则的严格约束，对会计监管的供给过量，不符合社会整体福利增长。现阶段对政府会计监管的有效激励不到位，可以尝试针对政府会计监管的从业人员，以个体考核和评价促进机构考核和评价，从而丰富政府会计监管效率的衡量标准。改变和完善对政府会计监管从业人员的考核制度，是提高政府会计监管能力的有效途径。政府会计监管机构的人员素质，包括他们的责任意识、能力意识和服务意识应进一步提升和强化，使得人人对监管职责有清晰的认识，并贯穿于监管过程之中；监管从业人员应具备相当的业务胜任能力，并树立服务被监管企业的理念，实现与被监管企业的会计专业人员的顺畅沟通和业务指导。如此，最大限度地利用政府会计监管部门的各项资源，务必人尽其才，物尽其用，提高政府会计监管的效率。

二、政府会计监管效果的衡量标准

政府会计监管效果的评价标准是什么？大多数文献都将评价标准转换为会计信息失真的数量以及监管机构查处的会计违规案例数量。但是查处的会计违规案例越多也只代表事后的修补和警示，恰恰表明被监管者无惧监管，或者仅仅只是“冰山一角”，更加印证了监管的无效而不是有效。因此，政府监管部门查处的违规案例数量反映政府会计监管效果的一个方面，但远不是监管效果的全部内容。正如吴水澎和毕秀玲（2002）指出①，对政府会计监管效果的评价要避免进入一个误区。事实上，从共性的角度看，无论是会计信息失真的数量，还是监管机构查处的会计违规案例数量，一定程度上衡量的都是会计准则是否被遵循，会计准则的执行效果好坏。因此，会计准则的执行效果能比较契合地反映政府会计监管的效果。当然会计准则的执行效果同时反映了会计准则执行

① 吴水澎、毕秀玲：《论政府对会计监管的必要性、缺陷和效果》，《厦门大学学报（哲学社会科学版）》，2002 年第 4 期。

的过程和结果两个方面。

一般来说，执行的关键在于目标的达成，因此，执行效果可以用目标的达成程度即实现目标的速度和品质来衡量。会计准则的执行是将会计准则应用于会计实务，把会计准则的理念和要求变为现实以达到既定目标的动态过程。欧洲会计师联合会（2002）指出，狭义上的会计准则执行构成一个系统，在任何可能的情况下，该系统都能预防、确认和纠正企业依据国际财务报告准则编制的会计信息和其他类似的被规制报告中存在的重大差错和漏报；广义上的会计准则执行应兼顾影响财务报告质量的所有重大因素，保护投资者的投资决策过程不受不当会计信息的误导以及提振市场信心。欧洲会计师联合会和欧洲证券监管委员会在会计准则的执行方面都注重执行的过程和结果，并强调以下三点：第一，会计准则的执行自成系统，这个系统既有基本的会计确认功能，也有预防和纠正的功能；第二，系统中所有参与人的责任就是确保高质量的财务报告；第三，执行会计准则也是一种监督活动，并有适当的补救措施。

会计准则的执行既包括管制，也包括激励。会计管制就是约束会计准则执行过程中出现的违规行为。而激励旨在如何使会计准则的执行者主动地提供更高质量的信息。Ball 和 Robin（2002）研究发现，对管理者和审计师的激励能显著影响某一特定会计准则下的财务报告实践；尽管新加坡、泰国、马来西亚和中国香港地区的会计准则接近于国际财务报告准则或美国公认会计原则，但是在及时确认经济损失方面（以盈余稳健性作为会计准则执行水平的替代衡量），仍然落后于美国等国。由此可见，管制只能确保企业披露的信息尽可能合规，是被动防御性的；而激励通过强化与政府会计监管目标相契合的企业行为，引导企业会计实务最大限度地接近政府会计监管目标。如果管制没有与激励相容，导致企业目标背离政府会计监管目标，诱发“沉默对抗”，其结果是会计准则无法发挥既定作用。因此，一方面，会计准则的执行要控制过程和结果，另一方面也要兼顾管制和激励。从企业采用会计准则，提供会计信息的实践来看，其在财务核算体系上投入的资源、会计人员的专业能力和职业道德等都代表了会计准则执行过程的衡量指标，而财务报告质量代表了会计准则执行结果的衡量指标。其中，财务核算体系上投入的资源从主观上反映了企业执行会计准则的意愿，但财务核算体系主要由会计人员操作，只有会计人员具备应有的专业能力和职业素养，才能保证他们在处理具体交易和事项时正确理解和执行会计准则，从而确保会计准则执行的效果，保证并稳步提升财务报告质量。

三、会计准则——政府会计监管的基准

（一）会计准则的内涵

会计准则是一种行为规则，是一套会计行为规范，它构成了一个社会生产、传递会计信息的框架体系。具体来说，不同组织和学者对会计准则的认识有不同的侧重。葛家澍（2000）认为，企业会计准则来源于企业会计实践，是对会计核算规律性的理论高度认识；企业会计准则既接受会计理论的指导，又体现国家的方针政策。会计准则经常被视为判断会计工作优劣的准绳①。美国会计原则委员会认为会计原则或准则是会计人员公认会计惯例的意见表达，要求会计信息的生产和传递符合使用者的预期用途，重大关系的披露在时间上以及报告主体内部或之间均保持一致。

（二）会计准则的性质

1. 会计准则是一种公共物品

会计准则具有公共物品属性。某一方对会计准则的使用和消费并不排斥其他方的类似使用和消费。一个国家制定和使用的会计准则，可能超越该国国界，对其他国家或地区产生示范，甚至被后者直接运用。高质量的会计准则具有积极的外部效应。当其被越来越多的国家和企业使用，会计信息的国内或国际可比性提高，降低了会计信息使用者的信息理解和分析成本，更有利于会计信息使用者的决策。高质量会计准则的外溢效应会突破所在国家或地区，而良好的借鉴作用将促使其他国家或地区“搭便车”。这在一定程度上，促进了会计信息的国际可比性，符合全球不同国家和地区间会计准则国际趋同的动机。例如，一些国家和地区直接采用国际财务报告准则，或在面对新业务、新问题时参考借鉴国际准则的财务会计概念框架及相关具体准则的原则性要求。

如果公共物品完全由私人提供，那私人就无法获得必要的补偿，这源自公共物品消费的非排他性，私人必然降低甚至不提供充分数量的公共物品。私人供应方缺少必要的动力，主导公共物品供给和需求的市场机制无法发挥作用。在公共物品供给上的市场失灵为政府介入提供了理由，需引入政府或其代理机构等外部力量介入会计准则的供给。会计准则基本由政府部门制定，这也是世

① 杨纪琬：《我国会计改革的历程与前景》，《财经研究》，1994 年第 3 期。

界各国和地区的实际情况。即使是在美国，会计准则虽然赋予民间组织来制定，但 SEC 却手握会计准则的最终决断权，是法定的会计准则制定机构。在国际层面，2008 年金融危机的爆发促使全球统一的高质量会计准则的供给成为 20 国集团领导人峰会的议题。一直以来，国际会计准则理事会（International Accounting Standards Board，简称 IASB）以民间国际组织的地位制定国际财务报告准则，并已获得其他权威国际机构的认可，且被越来越多国家和地区要求或允许采用。在 20 国集团领导人峰会的支持下，IASB 成为取得全球会计准则制定权的超政府的代理机构。

然而，政府在介入公共物品供给时，也成为市场的一方参与者，政府有代表本集团利益的自利倾向，会依据自身的利益取向作出集体选择。政府垄断会计准则的生产、政府寻租、政府失灵等导致准则面临供给短缺和其他相关问题。另一方面，会计准则的消费是非竞争性的。如果会计准则的需求方越多，会计准则的供给量又有限，那么规模效益决定了会计准则的集中制定更有价值。但若少数政府或其代理机构垄断会计准则的制定，因为竞争缺失，难免存在会计准则质量不高的风险。

2. 会计准则是一种制度安排

有关制度的界定，拉坦认为制度是个人或组织之外的其他组织或社会传统所施加的行为规则。凡勃伦认为，制度是个人或社会公众对特定关系的普遍性认同。康芒斯则从集体行为和个体行为的关系中界定制度；他认为制度是以社会传统或习俗，或者有组织的机构乃至国家为代表的集体行为采取利益激励和禁令等方式控制个体行为。关于人类社会制度的形成与演进或变迁方式存在不同的解释。拉坦从需求与供给角度分析制度的变迁，他认为，人口的增长固然是制度变迁的需求动力（诺斯和托马斯，1973），而制度变迁带来的新增收益更激励了制度创新的供给。随着社会科学知识的积累和发展，以及商业、法律等相关领域知识的增长（尤其在意识形态影响较弱、民主化程度较高的国家，社会科学知识等对宏观政策设计的促进作用更大），制度创新中的“试错”过程大幅减少，制度变迁的预期成本下降，效率提高，制度变迁的供给得以增加，制度变迁的曲线表现为向右移动。诺斯也赞同制度创新的预期收益是激发主要行动集团进行制度创新的动力，既有的利益均衡状态被打破，但考虑到制度创新带来的成本，也可能维持现有的制度安排。此外，人类社会制度演进或变迁的形式还受到内在的理论逻辑或思维模式的影响，构建理性主义和进化理性主义在人类理智和理解力的有限性方面立场针锋相对；构建理性主义过分夸大人类的理性，进化理性主义则认为个人的理性十分有限，社会应当在不断试错的过程中有机、缓慢地发展。

会计准则也是制度的一部分或者一种制度安排，是对会计信息处理、传递和报告有约束作用的规则。诺斯（1971）认为制度存在两类，一类制度能降低市场中的交易费用，另一类制度安排则能降低风险。科斯认为交易费用的普遍存在，迫使宏观主体和微观主体去发现和设计可降低交易费用的制度安排。按此分类，会计准则也是一种降低交易费用的制度安排。因为上市公司如果希望通过发行证券（如股票和债券）在资本市场上筹集资本，就必须遵循投资者普遍认可的会计准则，并由可靠独立的注册会计师对财务报告实施审计而进一步确认，否则就得承担较高的资本成本。一套独立高效的会计准则，除了节约交易费用，降低契约签订和执行成本，还能降低风险。比如，稳健的会计准则能帮助企业管理当局和投资者充分考虑各种不利因素，提高经营管理决策和投资决策对外部市场风险的抵御能力。在委托代理关系下，公司管理当局出于自利动机，可能采取与外部股东利益不一致的机会主义行为，外部股东可以借助会计准则等有效的制度安排，促使管理当局将行为限制在合理范围内。当前，全球已超过100多个国家或地区要求或允许本国或本地区企业采用国际财务报告准则，国际财务报告准则被普遍认为是一项能提高会计信息质量的制度安排，降低了本国或本地区企业境内境外筹资的成本。

实施制度变迁需要成本投入，对于最早发起变迁的组织来说尤其如此。比如，准则制定机构修订现有准则和制定新准则都需要使用大量资金，但新会计准则一旦制定出来，准则制定者很难限制准则变迁的收益外溢，却要独立承担高昂的制定成本，不能阻止其他国家或地区免费使用或效仿。例如FASB最先提出财务会计概念框架后，英国、加拿大等国的准则制定机构及IASB也在其后不久发布类似要求。一项制度的变迁成本较低，则创新或超越门槛也就较低。根据Watts和Zimmerman（1979）的总结，美国早期联邦政府对铁路业的报酬率进行管制，铁路业公司在会计处理中将固定资产的取得成本分期转化为折旧费用，据此提高了铁路服务的收费标准，这一会计处理方法的演变给管理当局带来可观的预期收益，该制度变迁就相对容易发生。会计准则变革一旦发生，潜在的使用和受益对象没有限制，因其无偿使用特性，需要政府进行一定程度的介入，新的制度变迁才会发生。在各国会计准则的变迁历史上，法国、德国、日本和中国等大陆法系国家都是由政府管制机构完成会计准则的制定，或者如美国，早期由民间机构负责制定，之后政府机构也加强了对会计准则制定的干预。另一方面，政府机构主导了会计准则变迁，却难以控制直接的制度变迁收益，因而缺乏必要的利益激励，而各种“危机”事件经媒体频繁报道后，使得政府机构倾向于“少做少出错，不做不出错”。因为制度安排动力的缺乏，使得会计准则的制度安排经常落后于现实需要。直到危机或丑闻事件引发的强大外在压力迫使政府机构不得不安排有针对性的制度变迁。例如美国 1929—1933 年的经济危机促使了 SEC 的成立和美国会计职业界开始制定会计原则；21 世纪初美国资本市场爆发的安然、世通等多起大公司的财务欺诈丑闻，重挫投资者信心，促使美国国会通过了 SOX 法案，给美国乃至全球的会计准则制定和审计界带来深远影响。我国历史上颁布的第一项具体会计准则《关联方关系及其交易的披露》也是源自对 1996 年“琼民源”事件的深刻反省。

拉坦（1978）认为随着社会科学知识的积累，现有的制度安排及其功能效果和制度环境都体现在社会的现有知识存量中，并服务于潜在的制度创新决策。社会知识存量在变迁方式、内容乃至变迁成本方面影响制度变迁。准则制定机构的现有知识存量也会影响会计准则的制定，甚至受现有知识存量的牵引，形成“路径依赖”。首先，选择什么导向的会计准则受准则制定机构的知识存量结构的影响。比如，我国在建国后曾掀起向前苏联学习的高潮。当时会计监管主要服从于国家指令性计划，会计核算的具体操作包括会计凭证、账簿格式及其填制方法等都由政府来统一规定。进入 20 世纪 90 年代，我国经济改革和发展转向借鉴欧美国家的市场经济模式，美国公认会计原则和国际会计准则极大地影响了我国会计准则的制定。这一时期，世界银行启动了对华技术援助项目，为我国的会计改革提供了有益的建议和帮助。当时会计准则变迁体现的特点是以学习美国和国际会计准则为主。直到 2006 年，我国发布的会计准则体系已与国际财务报告准则实质趋同。其次，各个国家或地区的政治法律文化等因素所代表的会计环境也影响该国或地区的会计准则制定程序。例如美国会计准则的制定采取应循程序（Due Process），这与美国法律的普通法系特征、政治活动中利益集团的游说、干预是分不开的。而在我国，政府部门代表中央集权，社会公众传统上会比较容易地接受一项新的制度安排，执行中也不会受到太多质疑或社会阻力。因此，我国准则的制定过程并没有充分接纳不同利益团体的意愿表达，形式和实质上的透明公开过程还不全面和彻底。最后，会计准则变迁之后的执行需要与其相匹配的社会知识存量支持。如果执行主体或被约束主体能认同变迁后制度所代表的知识存量，就能减轻新制度执行可能引发的阻力和成本激增，更好地分享制度变迁的预期收益。当前，我国大多数高校的会计、财务类专业学生所使用的专业教材中都有来自欧美国家的国际通行教材，若干年后这些经济发展的中坚力量不可避免地受到国际会计准则和美国公认会计原则理念和实务的影响；从国际财务报告准则在全球范围内的传播和影响，以及我国会计准则制定机构、会计学术界和实务界的知识存量配置来看，国际财务报告准则和美国公认会计原则仍然是我国较长时间内可资参照和借鉴的准则标杆。

总之，作为一种制度安排，高质量的会计准则能有效降低市场运行中的交易费用；会计准则的制度变迁受路径依赖的限制，我国政府主导的会计准则变迁体现国际趋同的特征。

3. 会计准则具有经济后果

财务报告传递的会计信息具有经济后果，投资者、债权人、企业、政府等相关利益方基于会计信息进行的决策，随后又影响其他市场主体的利益和不同利益主体间的财富转移。而会计准则正是规范财务报告生产的行为规则，会计准则同样可能产生一定的经济后果。准则制定机构应充分重视这一特性。

20 世纪 70 年代以前，美国的会计准则制定机构将现实和潜在的投资者作为会计信息的主要需求方和使用者，更为注重会计准则的技术层面，诸如资产、负债和收益的计量，以及财务状况和经营成果的公允列报。但从 20 世纪 60 年代起，会计职业界发现，以往对会计准则制定不太在意而又承受会计准则经济后果的个人和团体不再愿意被动接受会计准则可能对其经济利益或财富带来的影响，而是试图参与会计准则的制定并提出对准则制定的意见，力求影响会计准则。当时的会计原则委员会被批评受会计职业界的影响太大，缺乏独立性，也没有协调好与其他利益方的关系，最终结束了作为第二任准则制定机构的使命，而新一任会计准则制定机构，美国财务会计准则委员会积极、密切地注意到这一问题，采取各种措施协调和兼顾其他利益方的意愿。

尽管会计准则具有经济后果，但是准则制定机构还是应从真实公允反映企业财务信息的角度制定会计准则，不能完全受政治、社会、经济目标的摆布，那将偏离会计的本质。

在我国，企业一直执行的是政府机构制定的统一会计规范。会计制度或会计准则发布前会以研讨会形式，以及一些特定渠道征求公众意见，但征集到的反馈意见和评价，以及最终结论等没有通过正式渠道对外公开。相较于美国，我国利益相关者主观或客观上参与会计准则制定的程度和深度都较低。当然，这与我国政治法律环境不无关系，而且会计准则在我国产生、发展和使用所经历的时间也较短。进入20世纪90年代，我国在会计制度和准则上的制度变迁比较密集，频繁进行的会计改革之间留给使用者学习变迁后的会计理念和处理原则的时间不够。再考虑到我国资本市场的发展还不太成熟，资本市场与会计信息的关联度不高，会计准则的经济后果还没有充分显现出来。

简而言之，会计准则具有公共物品属性，是准则制定机构和各方利益相关者博弈权衡的产物。会计准则也是一项行为规则，是一种制度变迁，离不开各国政治、法律、文化等环境因素，也受准则制定机构的现有知识存量主导的路径依赖限制。只有合理有效安排的会计准则才能降低资本市场的交易费用，而且一旦被制定出来，可以被其他国家或地区无偿借鉴和使用，发挥积极的正外部性。

第五章　政府会计监管效果的实证检验

——基于准则变迁视角

政府会计监管效果的评价在会计监管运行中发挥着重要作用，合理的评价既有助于发现现行会计监管政策的不足，又为进一步调整会计监管政策提供事实和经验支持。评价会计监管的效果，就是对已施行的会计监管政策仔细评估、恰当评判，这包括两个部分的评价：（1）对会计监管政策本身的评价；（2）对会计监管政策执行过程的评价。其中，确定一个操作性强的评价标准以及能否获得充分的会计监管效果显得至关重要。

第一节　会计监管效果的传统评价标准及其困境

一、成本收益分析及其困境

传统的会计监管效果评价标准依据成本收益原则，当执行会计监管政策带来的收益超过会计监管投入的成本时，就认为实现了会计监管的效果。但由于会计监管政策制定和执行的复杂性，使得用经济计量的方式，以货币形式度量会计监管投入资源的成本和执行会计监管政策所带来的收益方面存在很大难度，甚至是难以实现，更不用说政府会计监管外部性所带来的隐性成本和收益始终无法一一列举和计量了。Watts 和 Zimmerman（1986）曾指出，“自证券法案颁布以来，会计监管的成本和收益没有完整彻底地得到过验证”。成本收益原则更多地是用于规范分析，而且成本收益的权衡更倾向于监管效率的评价，效果的认定应采用会计监管目标实现程度来评价。因此，要测度和评价会计监管的效果，必须寻找恰当的替代变量，间接地考核会计监管的效果。

二、价值相关性研究及其局限

正如第四章所述，会计准则的执行效果能够比较契合地反映政府会计监管的效果。而价值相关性研究经常被用于检验会计准则的施行是否达到其既定目标，以评价新颁布的会计准则是否有效。会计学者们一直尝试通过评估会计监管对证券价格或市场收益的影响效应来检验其效果，如 Collins（1997），Haw、Qi 和 Wu（1998），Chen、Chen and Su（2001），赵宇龙（2000），陈晓等（1999），王跃堂等（2001），刘峰等（2004），熊剑和罗晓林（2005），郭旭芬（2006），陆庆春（2008），周宝源（2008）等。其中，国内学者针对我国发生的会计制度和准则改革，从价值相关性的角度充分检验制度变迁对会计信息质量的影响。如，王跃堂等（2001）对 1998 年会计制度改革的效果进行了检验，分别从信息观和计量观的角度研究会计信息的市场反应，没有发现改革当年会计信息质量提高的证据。刘峰等（2004）采用相同的研究方法，检验了 1995—2002 年上市公司会计信息质量的状况，同样未发现会计准则变化使得会计信息质量提高的证据。熊剑和罗晓林（2005）检验了 1996—2001 年会计准则变更的效果，发现随着各项具体会计准则的变更，会计信息的价值相关性不但没有逐年提高反而逐年降低。郭旭芬（2006）检验了 1998—2004 年上市公司会计信息披露的市场反应，发现 2001 年后每股净资产和每股收益的信息含量显著增加，与股票价格的综合关联度显著提高。陆庆春（2008）发现依照 2006 年会计准则披露的每股净资产数据对股价的解释能力明显优于旧准则。周宝源（2008）也发现 2006 年会计准则提高了会计信息的价值相关性。

价值相关性是会计信息很重要的信息质量特征。已有的研究文献中用于会计信息价值相关性研究的两大计量模型分别是：报酬模型（Return Model）和价格模型（Ohlson Model），都以证券价格或基于价格的市场收益率为研究切入点。理论上，在有效市场和理性投资者的假设前提下，会计信息披露后会引发证券价格变化等市场反应。Beaver（1999）认为，如果某项监管措施确实导致会计信息含量变化，投资者随之调整风险评估和预期投资报酬率，当证券市场流动性充分，证券交易量导致价格变动，进一步驱动资本市场的资源配置，资本分配和筹资成本等会计监管经济后果逐步显现。然而，目前我国证券市场的效率还不高，投资者大多是投机行为；报酬模型和价格模型存在的两个基本假设，有效市场和理性投资者，显然与实际情形相去甚远。而且，上市公司权益证券的市场价值或市场收益与会计数据之间的关联程度的增强，并不足以证明会计监管的效果；即使没有捕捉到价格或收益的显著影响也不能证明会计监管不当或不足。

此外，衡量价值相关性，如果利用市场数据，噪音可能会使计量结果产生偏差，比如在2006年会计准则颁布施行前后的2005—2008年，我国股市经历了暴涨暴跌，在这种情形下，以报酬为基础的度量结果往往难以有效解释相关性程度（Holthausen和Watts，2001）。而且我国资本市场的有效市场假设受到市场行为和数据的极大挑战，常常导致价值相关性的研究基于同一问题往往得出不同结论，并且大部分价值相关性的研究在比较不同样本的拟合系数时，因缺少显著性检验（Cramer，1987）的支撑，进一步动摇了结论的可靠性。

第二节　基于盈余稳健性的会计监管效果检验

一、问题提出

2006年2月，财政部发布了包括1项基本准则和38项具体准则的企业会计准则体系，至此我国会计准则体系基本实现了和国际财务报告准则的实质性趋同（刘玉廷，2007）。会计准则国际趋同，在确保会计准则质量的前提下，也给会计信息质量的提升提供了可能性和技术支持。会计盈余是会计信息使用者评价公司业绩的最综合的常用指标，稳健性作为财务报告的重要质量特征或约束以及企业通行的实务惯例（Givoly和Hayn，2000），也是衡量会计盈余质量的重要特征之一。

稳健性原则是对于不确定性的一种审慎反映，减少企业因可能采用激进的会计政策而带来的不利后果，维持企业持续发展和抗击风险的能力。稳健性原则的运用有助于缓和债权人与股东之间的冲突，一定程度上减轻股东和管理层之间的信息不对称影响。我国资本市场中特殊的制度安排以及由此导致的会计与证券监管体系是决定会计准则中注重稳健性原则的宏观制度层面原因，会计准则层面注重稳健性原则的内在根本动力就是保证和提高财务报告质量。随着资产负债表信息逐渐超越盈余信息，成为证券发行和监管制度设计的依托基础，稳健性原则的运用也不会被完全替代；事实上，资产负债表信息和盈余信息是相互依存的，会计盈余的稳健性也代表一定程度的资产负债信息的稳健性。当不确定的外部环境（金融危机及后危机时代的不稳定因素的影响还未完全消散）和财务报告的内在局限依然存在，无法克服时，会计准则仍然有必要通过强化稳健性原则来提高会计信息质量，这也是目前各国会计准则中仍然普遍强调稳健性原则的基础。稳健性原则的运用和强化顺应了各国以提高会计信息质量为目标的会计改革发展趋势，同时也为相关监管机构的监管提供了便利（毛新述和戴德明，2008）。因此，我国2006年会计准则施行后，监管机构所看重的会计盈余稳健性指标的变化是否如预期或监管目标期望的？答案本身会对会计准则的改革和证券市场的监管产生重要的现实意义。本书将基于会计准则施行前后2005—2008年中国A股上市公司的财务数据和市场数据，从会计盈余稳健性的角度评价会计准则改革和实施的效果，并从中解读稳健性原则强化的会计监管预期效果。

二、文献回顾

Devine（1963），Sterling（1967）及Staubus（1985）都认为，对外财务报告普遍体现了一定程度的会计稳健性。Ball，Kothari和Robin（2000）指出，及时确认经济亏损或不利消息是高质量财务报告的重要特征，这与稳健性是密切相关的。我国基本会计准则将会计稳健性作为会计基本原则之一，规定企业对交易或者事项进行会计确认、计量和报告时不应过高估计资产和收益，低估负债和费用，应保持适度的谨慎。虽然稳健性在财务会计理论及会计准则体系中早已明确要求，但直到20世纪90年代才迎来对会计稳健性的系统性实证研究。Watts（1993）提出了对会计稳健性进行实证检验的一些可能方向；他认为，源自会计契约功能的稳健性会受到法律及管制的影响。Basu（1997）取得对稳健性度量的实质进展，并引领了会计稳健性研究的热潮。在基于我国上市公司会计和市场数据的研究中，李增泉和卢文彬（2003）第一次确认了上市公司的会计盈余存在稳健性特质。目前，会计稳健性的产生原因、计量方法与经济后果构成了稳健性研究的主体。

在稳健性研究中，国外学者还观察到了诉讼和管制对会计稳健性的影响。Beaver（1993），Watts（1993，2003）以及 Kothar，Lys，Smith 和 Watts（1998）都指出，稳健性可降低诉讼成本和潜在损失赔偿的现值，保持和增加公司价值。Huijgen（2003）认为，诉讼是保持公司会计稳健性的动力；基于对照组的研究发现，因为美国有着更为严格的诉讼赔偿和执行机制，使得同时在两地上市的英国公司的财务报告显现出强于仅在英国国内上市公司的稳健性。针对 2007—2008 年全球金融危机的相关研究中，Balakrishnan，Watts 和 Zuo（2016）探讨了会计稳健性对企业投资的影响。与财务报告较为稳健的公司相比，财务报告不太稳健的公司的投资活动下降幅度更大，股价跌幅也更大。对于资金受限、面临更大外部融资需求或信息不对称程度更高的公司来说，这种关系更为显著。在信息摩擦的作用下，会计稳健性降低了企业投资不足，引导企业较稳定地度过了危机，又能保持基本投资活动不受太大影响。

国内主要从会计准则监管角度集中研究会计稳健性的管制效应。稳健性原则在我国会计准则和制度的变迁中表现为从无到有、从弱到强，这和学者们的研究结论比较接近。比如，赵春光（2004）研究发现，我国上市公司的会计盈余稳健性在 1999—2001 年的变化趋势是逐渐增强。王跃堂、孙铮和陈世敏（2001）评估了 1998 年《股份有限公司会计制度》推行后会计信息质量差异和会计制度改革效果，结论是上市公司净资产数据的价值相关性显著增强，但盈余反映系数和会计盈余的价值相关性没有得到显著改善，也就是说，《股份有限公司会计制度》改革并没有显著提高上市公司的会计信息质量；研究结论是，只有通过会计改革建立的高质量会计规范与通过改革执行机制实施的有效执行支撑体系同时到位，才能确保会计信息质量的提高。刘峰、吴风和钟瑞庆（2004）选取 1995—2002 年的 A 股上市公司为样本，研究我国自 20 世纪 90 年代初以来历次会计规范改革对上市公司会计信息质量的影响，发现我国进行的一系列会计规范改革并没有显著提高以会计信息价值相关性所衡量的会计信息质量，究其原因是缺乏应有的法律风险。魏明海等（2006）选取 1999—2002 年的 A 股上市公司为样本，研究 2001 年的会计改革对上市公司会计盈余稳健性的影响；发现与 2001 年会计规范改革之前相比，我国 A 股上市公司的会计盈余稳健性更高，也就是说，2001 年会计改革提高了我国上市公司会计盈余的稳健性，我国会计规范的国际协调在一定程度上实现了预期目标，提高了上市公司的会计盈余质量。朱茶芬（2006）选取1997—2003年的A股上市公司为样本，采用Basu（1997）模型从会计稳健性的角度研究2001年会计改革对上市公司盈余质量的影响；通过比较会计改革前后财务报告呈现的会计盈余及时性和稳健性水平变化，发现会计改革前后盈余的稳健性和及时性表现出结构性的提升，说明2001年的会计改革有效改进了盈余质量，会计监管在一定程度上是有效的，尤其是加快了盈余对经济损失的反映速度，但是平均来说，盈余质量改进的幅度较为有限，与普通法国家上市公司的整体盈余质量相比还处于较低水平。曲晓辉和邱月华（2007）考察企业会计制度发生的两次强制性变迁对A股上市公司会计盈余的稳健性产生的影响；研究发现，1995—1997年上市公司的会计盈余稳健性不显著，《股份有限公司会计制度》的施行也没有实质性地提升上市公司在1998—2000年的会计盈余的稳健性水平，但是《企业会计制度》的施行却显著提升了2001—2004年的会计盈余稳健性水平，然而本期间内表现出的会计盈余稳健性特征可能主要是亏损公司“洗大澡”等盈余管理活动造成的。王华和刘晓华（2007）选取1992—2003年同时发行A股和B股的上市公司为样本，考察上市公司的会计信息价值相关性的变化趋势；他们采用价格模型发现，在我国会计准则与国际财务报告准则等国际惯例的内容和要求逐渐协调，差异日益缩小的背景下，上市公司的会计信息价值相关性并没有相应呈现出逐年增大的趋势，而是以1997年前后、2001年前后为时间段，呈现出会计改革的渐进性特征，体现了我国会计准则国际协调的实质效果。胡志勇（2008）选取在1994年及之前上市的公司为样本，采用Gower指数衡量上市公司会计政策的可比性（会计政策的可比性是会计信息可比性的基础），研究我国历次会计制度变迁对上市公司会计政策可比性的影响，发现在我国会计制度变迁的第二阶段（以《股份有限公司会计制度》为标志），即1998—2000年，我国上市公司会计实务中的会计政策可比性显著降低，但在会计制度变迁的2001年以后（以《企业会计制度》为标志）我国上市公司会计实务中的会计政策可比性显著提高。陆庆春（2008）选取沪深300指数的成份股上市公司为样本，运用价格模型研究了上市公司在新旧会计准则要求下分别披露的净资产数据的价值相关程度，发现新旧会计准则下披露的每股净资产信息都具有一定的价值相关性，但相比旧会计准则，新会计准则下提供的每股净资产数据对股票价格的解释能力更强。总之，随着会计准则国际趋同进程的不断推进，准则实施的配套机制不断完善，以盈余稳健性反映的上市公司盈余质量以及会计信息质量得到显著提高。

但另一方面，也有学者对我国会计准则和制度变迁中会计稳健性和会计信息质量的提升是否确实存在持保留意见。比如，牛建军、岳衡和姜国华（2006）认为，我国上市公司的会计稳健性改善主要是资产负债表稳健性的改进，但是盈余稳健性是高质量会计准则更为看重的（Ball 和 Shivakumar，2005），因此盈余稳健性研究在对资产负债表的稳健性加以控制后并没有显著上升。李远鹏和李若山（2005）以及李远鹏（2006）将我国亏损上市公司和上市公司整体作为两个样本，分析两者的盈余稳健性水平后认为，上市公司整体表现出的盈余稳健性更多地受到亏损公司“洗大澡”现象的干扰，并不是真实的稳健性。曲晓辉和邱月华（2007）也指出，2001 年《企业会计制度》施行后上市公司盈余稳健性的提高主要是亏损公司“洗大澡”所致。刘斌和徐先知（2010）认为与国际趋同而更加原则导向的现行会计准则相比之前的会计规范，一定程度削弱了上市公司财务报告的会计盈余稳健性水平，尽管在这两大会计准则或会计规范体系下上市公司的财务报告均具备盈余稳健性特征。综上所述，会计准则确实对盈余质量有重大影响，但盈余质量的表现还受法律制度、管制因素和企业管理当局动机等的影响，这与之前 Ball（2000）针对东亚国家（地区）企业数据和本地市场数据的研究结论相一致。

三、理论分析与研究假设

尽管在财务会计概念框架中有关会计信息的质量特征存在多元或多层次的解析，但从大量的经验研究文献来看，稳健性是关注最多且衡量方法相对成熟的信息质量。因而高质量的财务报告就应当是稳健的。稳健性原则在会计准则或会计实务中的应用程度可以用盈余稳健性来衡量。Basu（1997）指出，在会计盈余中经济收益的确认，相比经济损失，需要满足更高的可验证性，因此会计盈余对经济损失的确认就比经济收益更及时。会计盈余的稳健性其实强调和体现的也是及时性质量特征，只不过在收益和损失确认上的及时性程度不对称。稳健性原则还迎合了会计准则制定者和会计监管者的需求。会计准则制定和会计监管具有政治程序的属性，不可避免地受到政治成本的影响。如果公司高估资产或收益，会计准则制定者和监管者更有可能受到投资者的指责，这会增加其政治成本。而稳健性原则要求损失的确认比收益更及时，有助于会计准则制定者和监管者避免受到投资者的过分指责，减少其政治成本。当前，在外部不确定性增多、国内经济下行压力增大，企业经营面临“黑天鹅”或“灰犀牛”等各类风险的境况下，会计稳健性有效地缓和了风险冲击，能作为会计信息真实性所必需的底层质量特征，也更有利于企业实现可持续发展的经营目标。

我国自1992年的企业会计准则发布施行起，稳健性原则就纳入会计确认和计量的基本原则中。然而，主导美国会计实务中稳健性变化的原因和解释工具，即契约、诉讼、税收和政治因素（Basu，1997；Watts，2003），并不能合理解释我国会计制度改革中稳健性原则的引入和变化。毕竟，在我国资本市场和现代企业制度建立发展的过程中，内部人控制是上市公司治理的缺陷，包括债权人和中小股东在内的外部利益方更加看重稳健性原则。基于我国特有的制度环境和资本市场发展现状，强制性的会计制度或准则变迁才是我国会计盈余稳健性存在和变化的直接动因，稳健性原则的引入和变化与会计监管息息相关。随着会计制度与准则渐进式的完善，我国企业会计稳健性程度也得以逐渐强化。因此，本书主要从制度层面分析会计准则变革对盈余稳健性的影响，并提出如下研究假设：

假设1：2005—2008年我国上市公司的会计盈余具有稳健性。

2006年企业会计准则体现了与国际财务报告准则的趋同，大范围地引入公允价值，为推动财务报告目标由受托责任观转向决策有用观打下基础，成为此次准则变迁的主要特色。在受托责任观下，受托人会提供相应会计信息，向委托人报告企业的财务状况和经营成果，以履行其受托责任，而为防止受托人的“道德风险”行为，即出于私利，受托人可能随意操纵会计信息，委托人会将法律诉讼威胁加诸于受托人。对受托人而言，过高估计资产和收益，低估费用和负债更容易面临被起诉索赔的风险。因此，为了履行并解除受托责任，受托人更有动力和意愿提供稳健的会计信息。决策有用观强调会计信息必须是有助于现在或潜在的投资者和债权人等进行经济决策的有用信息。那么，决策有用的会计信息应具备什么特征？会计准则强调了会计信息应当“真实与公允”并重，且坚持资产负债表观。按照公允价值计量方法，要求企业根据自身对资产价值的最准确估计报告，必然导致利得和损失的处理与稳健性原则下利得和损失处理方式的不一致。此外，会计准则允许符合条件的借款费用资本化，研发费用予以有条件地资本化，债务重组收益计入损益等等，在加大企业管理当局职业判断运用范围的同时，也不可避免地因主观性增强，提供了企业更大的盈余管理空间，从而削弱了会计稳健性。另一方面，会计准则规定企业非流动资产如固定资产、无形资产等发生的资产减值损失不予转回，对企业资产结构中比重较大的存货、应收账款等流动资产的减值损失允许转回，这一不对称的处理可能弱化了盈余的稳健性。当然，诸如存货后进先出计价方法的取消，财务报表合并范围的扩大等也进一步限制了企业的盈余管理空间。不过，综合来看，2006 年会计准则施行后，将使得上市公司的会计盈余稳健性水平相比准则变革前降低。基于以上分析，提出如下研究假设：

假设 2：2007—2008 年上市公司的会计盈余稳健性水平相比准则变革前有所降低。

四、研究设计

（一）样本选取

本书最终确定了 2005—2008 年沪深 A 股上市公司的有效样本规模为 4751 个公司年观测值。其中，（1）已剔除金融行业公司，以保证样本内观测值的可比性，金融行业性质及适用的会计标准与其他行业相比有较大差异，属于特殊监管行业；（2）已剔除处于 IPO 当年的公司，其会计盈余有不同于其他年度的特点，会与其他年度存在较大差异（曲晓辉和邱月华，2007；赵本才，2007；贾瑞芳，2008）；（3）已剔除账面资不抵债的公司；（4）已剔除当年停牌超过 2 个月的公司；（5）已剔除部分数据及相关财务指标缺失的公司。

（二）研究模型

本书借鉴 Ball 和 Shivakumar（2005）的研究方法，在 Basu（1997）模型基础上增加虚拟变量来构建研究模型，试图以此检验 2006 年会计准则施行前后会计盈余稳健性水平的变化情况。该盈余——股价回报模型也是国内会计稳健性的实证研究中使用最为广泛的模型。此外，相关研究还发现我国上市公司的股权性质、债务契约等公司治理因素会显著影响会计稳健性水平，因此本书在综合回归模型（5－1）中对上述公司治理因素的影响予以控制。

$$\begin{aligned}\frac{EPS_{it}}{P_{it-1}} = {} & \alpha_0 + \alpha_1 DR_{it} + \alpha_2 RET_{it} + \alpha_3 RET_{it} \times DR_{it} + \alpha_4 DT \\ & + \alpha_5 DR_{it} \times DT + \alpha_6 RET_{it} \times DT + \alpha_7 RET_{it} \times DR_{it} \times DT \\ & + \alpha_8 RET_{it} \times DR_{it} \times LEV_{it} + \alpha_9 RET_{it} \times DR_{it} \times OWN_{it} + \varepsilon_{it} \end{aligned} \tag{5-1}$$

模型（5－1）中各变量的详细定义见表 5－1 所示。

表 5－1　　　　研究变量定义表

变量名称	变量含义
EPS_{it}	公司 i 在 t 年度的每股收益
P_{it-1}	公司 i 在 t 年 4 月 30 日的收盘价
RET_{it}	公司 i 从 t 年的 5 月至 t+1 年的 4 月的股票累积年度报酬率
DR_{it}	虚拟变量，当 $RET_{it}<0$ 时取值为 1，否则为 0
DT	虚拟变量，当观测值属于 2007—2008 年，取值为 1，否则为 0
LEV_{it}	公司 i 在 t 年末的资产负债率
OWN_{it}	虚拟变量，如果公司的最终控制方为国有性质，取值为 1，否则为 0

在模型（5－1）中，股票市场报酬率为负对应坏消息，表示公司遭受了经济损失；股票市场报酬率为正则对应好消息，表示公司获取了经济利得。2006 年会计准则实施之前，好消息在会计盈余中得到反映的及时性程度用 α_2 衡量；坏消息在会计盈余中得到反映的及时性程度用 $\alpha_2+\alpha_3$ 衡量；因此，α_3 就衡量了相比好消息，会计盈余在反映坏消息时表现出的增量及时性。如果相比好消息，会计盈余对坏消息的反映显得更为及时充分，这也正是稳健性原则运用的结果，那么 α_3 就衡量了 2006 年会计准则施行之前的上市公司会计稳健性水平。如果在 2006 年会计准则施行之前上市公司存在盈余稳健性，则说明，会计盈余反映坏消息要比反映好消息更及时充分，那么 α_3 就应显著大于 0。

2006 年会计准则施行之后，好消息在会计盈余中得到反映的及时性程度用 $\alpha_2+\alpha_6$ 衡量；坏消息在会计盈余中得到反映的及时性程度用 $\alpha_2+\alpha_3+\alpha_6+\alpha_7$ 衡量；因此，$\alpha_3+\alpha_7$ 就衡量了相比好消息，会计盈余在反映坏消息时表现出的增量及时性，那么 $\alpha_3+\alpha_7$ 就衡量了 2006 年会计准则施行之后的上市公司会计稳健性水平。也就是说，α_7 衡量了 2006 年会计准则施行前后上市公司会计盈余的稳健性水平的变化。如果 2006 年会计准则施行之后，会计盈余反映坏消息要比反映好消息更及时充分，相比准则实施前盈余稳健性水平上升，则 α_7 就应显著大于 0。反之，如果根据前文所述的研究假设，在 2006 年会计准则施行后上市公司的盈余稳健性水平下降，则 α_7 就应显著小于 0。

为了进一步验证模型（5－1）所得出结论的可靠性，增强说服力，本书还将借鉴 Ball 和 Shivakumar（2005）的方法，采用模型（5－2），检验 2006 年会计准则施行前后会计盈余稳健性的持续性水平变化。模型（5－2）中各变量的详细定义见表 5－2 所示。

$$\frac{\Delta EPS_{it}}{P_{it-1}}=\beta_0+\beta_1 DE_{it}+\beta_2\frac{\Delta EPS_{it-1}}{P_{it-2}}+\beta_3\frac{\Delta EPS_{it-1}}{P_{it-2}}\times DE_{it}+\beta_4 DT$$
$$+\beta_5 DE_{it}\times DT+\beta_6\frac{\Delta EPS_{it-1}}{P_{it-2}}\times DT+\beta_7\frac{\Delta EPS_{it-1}}{P_{it-2}}$$
$$\times DE_{it}\times DT+\beta_8\frac{\Delta EPS_{it-1}}{P_{it-2}}\times DE_{it}\times LEV_{it}$$
$$+\beta_9\frac{\Delta EPS_{it-1}}{P_{it-2}}\times DE_{it}\times OWN_{it}+\varepsilon_{it} \quad (5-2)$$

表 5－2　　　　研究变量定义表

变量名称	变量含义
EPS_{it}	公司 i 在 t 年度的每股收益
P_{it-1}	公司 i 在 t 年 4 月 30 日的收盘价
ΔEPS_{it}	$EPS_{it}-EPS_{it-1}$
ΔEPS_{it-1}	$EPS_{it-1}-EPS_{it-2}$
DE_{it}	虚拟变量，当 $\frac{\Delta EPS_{it-1}}{P_{it-2}}<0$ 时取值为 1，否则为 0
DT	虚拟变量，当观测值属于 2007—2008 年，取值为 1，否则为 0
LEV_{it}	公司 i 在 t 年末的资产负债率
OWN_{it}	虚拟变量，公司的股权性质，当最终控制人为国有性质，取值为 1，否则为 0

在模型（5－2）中，2006 年会计准则施行之前，当盈余呈正向变化，即存在好消息时，会计盈余的反转程度用 β_2 衡量；当盈余呈负向变化，即存在坏消息时，会计盈余的反转程度用 $\beta_2+\beta_3$ 衡量；也就是说，相对好消息组的观测值，坏消息组的观测值出现盈余逆转的增量程度用 β_3 衡量。当稳健性原则应用时，会计盈余会更及时地反映坏消息，而对好消息的反映却是逐步完成的，于是，当会计盈余呈正向变化时，平均来说，盈余变化的持续性要强于负向会计盈余的变化，也就是，坏消息组（会计盈余呈负向变化）的盈余变化出现反转的可能性更大，因此，2006 年准则施行前的会计盈余稳健性的持续性水平用 β_3 来衡量。2006 年会计准则施行之后，当盈余呈正向变化，即存在好消息时，会计盈余的反转程度用 $\beta_2+\beta_6$ 衡量；当盈余呈负向变化，即存在坏消息时，会计盈余的反转程度用 $\beta_2+\beta_3+\beta_6+\beta_7$ 衡量；也就是说，相对好消息组的观测值，坏消息组的观测值出现盈余逆转的增量程度用 $\beta_3+\beta_7$ 衡量。因此，β_7 衡量了 2006 年会

计准则施行前后上市公司会计盈余稳健性的持续性水平变化。如果 2006 年会计准则施行后，负向的盈余变化更容易出现反转，则会计盈余的持续性就较弱，会计稳健性有所提升，β_7就应显著小于 0。反之，则说明，根据前文所述的研究假设，2006 年会计准则施行后会计稳健性有所降低，β_7预计就应显著大于 0。

五、实证结果分析

（一）描述性统计分析

表 5－3 列出了研究样本的主要变量的描述性统计结果。从中可看出，RET_{it}的均值在四年集合总样本和各两年的分期间样本中，均高于中位数，偏度也都大于零，这表明公司股票的年度累计市场报酬率 RET_{it} 呈现右偏态势；$\frac{EPS_{it}}{P_{it-1}}$的均值均低于中位数，偏度也都小于零，这表明$\frac{EPS_{it}}{P_{it-1}}$出现左偏态势。会计盈余会及时地确认坏消息的影响，而对好消息的影响却是延迟确认，也就是在反映“好消息”和反映“坏消息”上表现出非对称性，这正体现了稳健性的要求，由此就可能导致稳健的会计盈余呈现负偏（或左偏），会计盈余的偏度也可用作会计稳健性的一个衡量指标（Givoly 和 Hayn，2000）。从表 5－3 中会计盈余$\frac{EPS_{it}}{P_{it-1}}$呈现出的左偏性分布，可以初步判断我国上市公司的会计盈余具有稳健性。

表 5－3　　主要变量的描述性统计结果

混合总样本的描述性统计							
变量	N	均值	中位数	标准差	偏度	最大值	最小值
EPS/P	4751	0.012	0.018	0.062	－4.260	0.238	－0.865
RET	4751	0.680	0.115	1.372	2.254	12.661	－0.736
DR	4751	0.417	0.000	0.491	0.327	1.000	0.000
$\Delta EPS_t/P$	4751	－0.001	0.001	0.085	2.774	1.380	－0.891
$\Delta EPS_{t-1}/P$	4751	0.002	0.001	0.085	3.961	1.734	－0.891
DE	4751	0.430	0.000	0.493	0.273	1.000	0.000
LEV	4751	0.508	0.524	0.182	－0.225	0.989	0.000
OWN	4751	0.686	1.000	0.462	－0.807	1.000	0.000

续表

分期间样本的描述性统计									
期间	N	EPS/P				RET			
		均值	中位数	标准差	偏度	均值	中位数	标准差	偏度
2005—2006	2357	0.013	0.027	0.089	-3.495	1.445	1.027	1.582	1.565
2007—2008	2394	0.011	0.014	0.030	-2.755	-0.066	-0.154	0.373	2.471

（二）多元回归结果与分析

1. 盈余稳健性的及时性检验

表5-4是模型（5-1）的各解释变量的参数回归结果，表明上市公司盈余稳健性的及时性水平在2006年会计准则施行前后的变化。其中，表5-4的第2-3列显示，2005—2006年的$RET_{it} \times DR_{it}$的回归系数α_3代表盈余反映坏消息的增量及时性，其回归值为0.259，在1%水平上显著，表明在2006年会计准则尚未施行的前两年，上市公司的会计盈余已经具有了稳健性特质；反映2007—2008年的α_3的回归值为0.017，同样在1%水平上显著，表明在2006年会计准则施行后，上市公司的会计盈余仍具有稳健性特质，但是与会计准则施行前相比，会计盈余稳健性的及时性水平却呈下降。在控制其他因素影响的情况下，从表5-4可知，2006年会计准则施行前后盈余稳健性水平的变化，其中$RET_{it} \times DR_{it} \times DT$的回归系数即$\alpha_7$的回归值为-0.243，在1%水平上显著。$\alpha_7$显著小于0，表明与2006年会计准则施行前相比，2006年会计准则的施行缩小了会计盈余对“好消息”和“坏消息”反映的不对称程度，盈余稳健性的及时性水平显著降低。从表5-4的第5列可知，在控制了债务契约、股权性质等公司治理结构因素的影响后，α_7为-0.209，在1%水平上显著。α_7显著小于0，说明在控制了公司治理因素的影响之后，2006年会计准则施行后盈余稳健性水平仍然显著降低。再在2005—2008年的总样本中剔除亏损公司后重新进行回归，结果如表5-4所示：α_7均显著小于0。这说明无论是总样本还是其中的盈利公司，均在2006年会计准则施行后盈余稳健性水平显著降低，虽然不排除亏损公司利用“洗大澡”等行为进行盈余管理，但研究结果并未受到显著干扰。

表 5－4　　　　盈余稳健性——及时性模型回归结果

系数	2005—2006	2007—2008	2005—2008	2005—2008	2005—2008 盈利公司	2005—2008 盈利公司
截距	0.017*** (7.986)	0.020*** (16.514)	0.017*** (7.986)	0.017*** (7.985)	0.036*** (34.153)	0.036*** (34.145)
DR_{it}	−0.039*** (−3.235)	−0.005*** (−3.519)	−0.039*** (−3.235)	−0.041*** (−3.503)	−0.002 (−1.293)	−0.002 (−1.318)
RET_{it}	0.003*** (5.584)	0.004** (2.553)	0.003*** (5.584)	0.003*** (5.583)	0.000*** (3.525)	0.000*** (3.524)
$RET_{it} \times DR_{it}$	0.259*** (3.480)	0.017*** (3.117)	0.262*** (3.480)	0.262*** (3.480)	0.029*** (3.340)	0.021** (2.307)
DT			0.001 (1.166)	0.001 (1.166)	−0.009*** (−7.407)	−0.009*** (−7.405)
$DR_{it} \times DT$			0.032*** (2.633)	0.033*** (2.797)	0.000 (0.624)	0.000 (0.596)
$RET_{it} \times DT$			0.000 (0.631)	0.000 (0.631)	0.002** (1.974)	0.002** (1.974)
$RET_{it} \times DR_{it} \times DT$			−0.243*** (−3.220)	−0.209*** (−3.013)	−0.022** (−2.450)	−0.022** (−2.367)
$RET_{it} \times DR_{it} \times LEV_{it}$				0.283*** (9.096)		0.015** (2.393)
$RET_{it} \times DR_{it} \times OWN_{it}$				−0.002 (−0.328)		−0.001 (−0.375)
调整 R^2	0.1401	0.0591	0.1309	0.1508	0.1543	0.1543
F 值	127.34	50.67	102.08	93.73	109.26	85.17
N	2357	2394	4751	4751	4204	4204

注：带括号的数字为双尾测试的 t 值；***、**、* 分别表示在 1%、5%、10% 的水平上统计显著；回归结果经过 White 异方差修正；各个解释变量之间不存在严重的多重共线性。

2. 盈余稳健性的持续性检验

表 5－5 即模型（5－2）的参数回归与假设检验的结果，表明上市公司在 2006 年会计准则施行前后的会计盈余的持续性检验结果。从表 5－5 可知，2005—2006 年与 2007—2008 年的$\frac{\Delta EPS_{it-1}}{P_{it-2}} \times DE_{it}$的回归系数 β_3 代表盈余的持续

性程度，其回归值在1%水平上均显著小于0，这说明负向的盈余变化被反转程度比正向的盈余变化大，也证实了2006年会计准则施行前后上市公司都存在盈余稳健性。

从表5-5的可知，在控制了债务契约、股权性质等公司治理结构因素的影响后，$\frac{\Delta EPS_{it-1}}{P_{it-2}} \times DE_{it} \times DT$ 的回归系数即 β_7 在1%水平上均显著大于0，说明在控制了公司治理因素的影响之后，与2006年会计准则施行前相比，会计准则施行后负向盈余变化即坏消息组的反转程度显著变弱，上市公司盈余稳健性的持续性水平显著降低。从表5-5的可知，无论是总样本还是其中的盈利公司，β_7 在1%水平上均显著大于0，说明亏损公司采取盈余管理，如“洗大澡”等行为并未对研究结果造成系统性干扰，进一步证明2006年会计准则施行后上市公司的会计盈余稳健性的持续性水平均显著降低。

表5-5　　　　盈余稳健性——持续性模型回归结果

系数	2005—2006	2007—2008	2005—2008	2005—2008	2005—2008 盈利公司	2005—2008 盈利公司
截距	-0.012*** (-5.872)	-0.006*** (-7.832)	-0.012*** (-5.872)	-0.012*** (-5.871)	-0.001 (-0.359)	-0.001 (-0.359)
DE_{it}	-0.024*** (-6.974)	0.002 (1.091)	-0.010*** (-5.872)	-0.027*** (-7.572)	-0.014*** (-5.504)	-0.013*** (-5.734)
$\frac{\Delta EPS_{it-1}}{P_{it-2}}$	0.012 (0.220)	0.004 (0.450)	0.012 (0.220)	0.012 (0.220)	0.108** (2.196)	0.108** (2.196)
$\frac{\Delta EPS_{it-1}}{P_{it-2}} \times DE_{it}$	-1.260*** (-12.489)	-0.435*** (-6.358)	-1.260*** (-12.489)	-1.469*** (-5.947)	-1.463*** (-13.698)	-0.832*** (-3.314)
DT			0.006*** (2.734)	0.006*** (2.733)	0.000 (0.158)	0.000 (0.158)
$DE_{it} \times DT$			0.026*** (6.749)	0.028*** (7.253)	0.017*** (5.488)	0.016*** (5.702)
$\frac{\Delta EPS_{it-1}}{P_{it-2}} \times DT$			-0.005 (-0.135)	-0.005 (-0.135)	-0.087* (-1.773)	-0.087* (-1.772)
$\frac{\Delta EPS_{it-1}}{P_{it-2}} \times DE_{it} \times DT$			0.824*** (6.756)	0.857*** (7.502)	0.908*** (6.722)	0.879*** (7.109)
$\frac{\Delta EPS_{it-1}}{P_{it-2}} \times DE_{it} \times LEV_{it}$				-0.389 (-1.100)		-0.768** (-2.096)

续表

系数	2005—2006	2007—2008	2005—2008	2005—2008	2005—2008 盈利公司	2005—2008 盈利公司
$\frac{\Delta EPS_{it-1}}{P_{it-2}} \times DE_{it} \times OWN_{it}$				0. 121 (0. 943)		0. 218 (1. 624)
调整 R^2	0. 3428	0. 1208	0. 3215	0. 3242	0. 5619	0. 5723
F 值	404. 31	109. 90	319. 40	251. 69	762. 43	618. 97
N	2357	2394	4751	4751	4204	4204

注：带括号的数字为双尾测试的 t 值；*** 、** 、* 分别表示在 1%、5%、10% 的水平上统计显著；回归结果经过 White 异方差修正；各个解释变量之间不存在严重的多重共线性。

（三）敏感性分析

为了确保研究结论的稳健和可靠，本书进一步采取了下列敏感性分析：

1. 为剔除市场整体因素（宏观因素、政策面因素等）的干扰，并克服样本期间内我国股市的暴涨暴跌，将股票的累计年度市场报酬率 RET_{it} 按照市场均值调整，并将调整后的 RET_{it} 重新进行回归。

2. 在已有的研究文献中发现，公司特征属性会显著影响公司的盈余变化和盈利水平，选择公司规模和行业特征等作为公司特征的衡量，并引入模型（5－1）和模型（5－2），重新进行回归。

3. 以总样本中观测期间内都存在的上市公司为样本重新进行回归。

上述敏感性分析的回归结果基本都与前文的研究结论相符。

第三节　研究结论与启示

一、研究结论

根据上述实证研究，本书得出以下结论：

1. 2005—2008 年我国境内上市公司会计盈余在 2006 年会计准则施行前和施行后均存在盈余稳健性特征，也就是说上市公司对于“坏消息”的反映要比对“好消息”的反映更及时。

2. 但是，与 2006 年会计准则施行前相比，会计准则施行后我国上市公司的盈余稳健性显著降低，盈余稳健性的及时性和持续性模型的回归系数均与预期相符，证明了文中的假设成立，即2006年会计准则降低了我国上市公司的盈余稳健性。在我国会计准则制定与执行过程中，实现国际趋同是大势所趋，2006年会计准则更强调会计信息的真实、公允，尽管会计准则提升了会计稳健性在会计信息质量要求中的地位，但公允价值的大范围引入和应用一定程度上削弱了稳健性的作用，从而导致准则施行后会计稳健性的降低。

二、研究启示

（一）非条件稳健性

Beaver和Ryan（2005）将会计稳健性按照不同性质分为两种：非条件稳健性（Unconditional Conservatism）和条件稳健性（Conditional Conservatism）。非条件稳健性也被称为事前稳健性，即资产或负债的会计处理方法一般不会根据未来的经营环境变化而变化，而是在它们初始确认时就已经确定。常见的有固定资产采用加速折旧法，采用历史成本计量净现值为正的资产项目等。条件稳健性也被称为事后稳健性，即（资产的）账面价值在遭遇极度不利的环境时被减值，但是在情形好转时并不转回来，比如计提固定资产及无形资产的减值准备等。非条件稳健性使用的是资产寿命期开始时已知的信息，而条件稳健性使用的是资产未来价值的预期信息（Basu，2005）。一般来说，条件稳健性下公司管理层的判断空间较多，而非条件稳健性下公司管理层的判断余地不多。条件稳健性会导致非条件稳健性，条件稳健性越强，非条件稳健性也越强，这时两者之间存在正相关关系；但是非条件稳健性较强的会计处理方法会削弱条件稳健性，所以两者之间又呈现出负相关关系。

非条件稳健性是在消息出现之前就采取稳健做法表现出来的盈余质量，非条件稳健性反映会计信息系统对未来的坏消息已具备一定免疫能力。在消息出现之前，企业就减少确认资产并相应影响到会计盈余，又或者，一开始企业就没有确认相应资产或相应资产的账面价值偏低。从计量属性上看，历史成本计量归属于会计稳健性，由于当代经济整体态势处于增长状态，在经济实质上，历史成本计量更倾向于事实上的会计稳健性（姜国华和张然，2007）。我国2006年会计准则对公允价值的引入体现了会计确认与计量的理念从“成本”到“价值”转变的核心思想。前书对准则变革前后，我国上市公司的会计稳健性水平检验，实际上采取的是条件稳健性角度，因此非条件稳健性的检验应能很好地补充前书的研究结果。

1. Beaver – Ryan（2000）模型

Beaver 和 Ryan（2000）认为偏差和滞后导致公司账面市值比（Book – to – Market Ratio）的变动。公司账面价值可能高于（或低于）其市场价值从而导致偏差存在，使得公司的账面市值比持久性地大于（或小于）1；偏差受到会计处理过程和经济环境的综合影响。滞后是账面价值不能及时反映未预期到的利得（或损失），从而导致公司的账面市值比暂时性地大于（或小于）某个值，滞后与偏差之和等于1；滞后与偏差产生的原因相同，也受到会计处理过程和经济环境的综合影响。Beaver 和 Ryan 将公司的账面市值比作为被解释变量，分别运用基于固定效应的回归分析和基于时间效应的回归分析，以当年和前 6 年的市场报酬率为解释变量①，年市场报酬率（正或负）作为当年消息（好或坏）的替代变量。Beaver – Ryan（2000）模型如下：

$$BTM_{it} = \alpha_i + \alpha_t + \sum_{j=0}^{6} \beta_j RET_{it-j} + \mu_{it} \tag{5-3}$$

在模型（5 – 3）中，BTM_{it}是公司 i 在 t 年末的账面市值比，即账面净资产除以总市场价值；RET_{it-j}是公司 i 在 t – j 年的市场报酬率，j = 0，1，2，3，4，5，6；μ_{it}为残差项。$\sum_{j=0}^{6} \beta_j RET_{it-j}$ 捕捉账面价值对消息反映的滞后，β_j 的符号预期为负，因为会计信息系统对消息（年市场报酬率）的反映存在滞后性。固定效应回归计算出的每家公司的截距 α_i 代表公司 i 在样本期间的平均偏差；时间效应回归计算出的每年的截距 α_t 代表 t 年所有公司的平均偏差。RET_{it-j}是消息的替代变量，既包括好消息（年市场报酬率为正）也包括坏消息（年市场报酬率为负）。模型（5 – 3）设定未预期的利得和损失被会计系统确认的速度相同，也就是说，账面价值对好消息和坏消息反映滞后的程度是对称的，于是，$\sum_{j=0}^{6} \beta_j RET_{it-j}$ 捕捉的只是账面价值分别反映好消息和坏消息时的对称性滞后，α_i 和 α_t 捕捉了来自不对称性滞后的条件偏差以及非条件偏差。

2. Qiang（2007）模型

Qiang（2007）指出了模型（5 – 3）的不合理假定，提出了修改后的模型

① 将账面市值比对当年以及前 6 年市场报酬率进行回归，就相当于当期盈余对当期市场报酬率回归的累计。Roychowdhury 和 Watts（2006）也认为这个累计版本的模型更好一些。

(5－4）如下：

$$BTM_{it} = \alpha_i + \alpha_t + \sum_{j=0}^{6}[\beta_j^1 RET_{it-j} + \beta_j^2 DR_{it-j} \times RET_{it-j}] + \mu_{it} \tag{5-4}$$

在模型（5－4）中，BTM_{it}是在t年末i公司的账面市值比，即账面净资产除以总市场价值；DR_{it-j}为虚拟变量，如果在t－j年i公司的市场报酬率为负，DR_{it-j}取值为1，否则为0；RET_{it-j}是i公司在t－j年的市场报酬率，j＝0，1，2，3，4，5，6；μ_{it}为残差项。

模型（5－4）假定账面价值对好消息和坏消息反映滞后的程度是不对称的。因此，$\sum_{j=0}^{6}[\beta_j^1 RET_{it-j} + \beta_j^2 DR_{it-j} \times RET_{it-j}]$同时捕捉了不对称的滞后性，即条件稳健性；$\alpha_i$和$\alpha_t$就只捕捉了非条件偏差，所以$\alpha_i$和$\alpha_t$被用来衡量非条件稳健性。$\beta_j^1$的符号预期为负，因为会计信息系统对好消息的反映存在滞后性。β_j^2的符号预期为正，因为会计信息系统对坏消息的反映存在的滞后性要小于对好消息的反映存在的滞后性。在模型（5－4）的基础上，引入虚拟变量就可以检验会计准则变迁对非条件稳健性的影响。

（二）基于现金流的盈余稳健性检验

Holthausen（2003）认为，股票市场价格有效反映信息的能力因时间和公司类型的不同而不同，以股票报酬率作为消息的替代变量会引入系统偏差，因此Basu（1997）的模型是有缺陷的。而其他研究也表明，会计数据派生的度量指标能够反映投资者关心的盈余特征（Schipper，2005）。因此，对条件稳健性的度量还可以直接利用财务报告数据来实现。我们将公司报告的现金流作为消息的替代变量（Ball和Shivakumar，2005），就可以得到模型（5－5），检验前文建立在Basu（1997）模型基础上的实证结果的可靠程度，从而补充前文的研究结果。

$$ACC_{it} = \beta_0 + \beta_1 DCFO_{it} + \beta_2 CFO_{it} + \beta_3 CFO_{it} \times DCFO_{it} + \varepsilon_{it} \tag{5-5}$$

在模型（5－5）中，ACC_{it}是在t年末i公司的应计项目总额除以t年初总资产，再运用分年度ACC_t的均值进行调整。在t年末i公司的应计项目总额＝（Δ流动资产－Δ现金及现金等价物）－［Δ流动负债－（Δ一年内到期的长期借款＋Δ应付股利＋Δ应交所得税）］－（折旧＋摊销）。CFO_{it}是在t年i公司的经营活动类现金流除以t年初总资产，再运用分年度CFO_t的均值进行调整；在t年i公司的经营活动类现金流＝营业利润－应计项目总额。$DCFO_{it}$为虚拟变量，如果CFO_{it}值为负，$DCFO_{it}$取值为1，否则为0。ε_{it}为残差项。

由于应计项目总额与经营活动类现金流之间表现为负相关关系，模型（5-5）中 β_2 的符号预期为负。而条件稳健性的存在会使得应计项目总额与经营性现金净流出之间的负相关关系更弱一些（Ball 和 Shivakumar，2005）。因此，β_3 的符号预期为正，也就是说，条件稳健性是否存在可以通过 β_3 的正负来加以判断。如果 β_3 显著为正，表明存在条件稳健性；如果 β_3 显著为负，则表明不存在条件稳健性。

（三）公允价值运用对会计稳健性的影响

当会计估计无法核实时，机会主义经理人有动机在估计过程中使用自由裁量权来夸大收益，稳健性通过控制机会主义经理人，成为一种有效的治理工具。因此，当投资者面对一个不确定和难以核实的信息环境时，他们需要条件稳健性（Watts，2003；LaFond 和 Watts，2008）。公允价值估值是企业资产负债表的重要组成部分，在无法获得市场价格的情况下，公允价值估值受制于管理层的自由裁量权。现行准则建立了一个公允价值基础信息的层次结构，考虑到这些输入值的可靠性和可验证性，将用于衡量公允价值的输入值分为三个层次。因此，对第二层和第三层公允价值估值风险较大公司的投资者可能会担心管理层的机会主义，因为他们无法核实这些估值。条件稳健性能缓解投资者需求和管理层的公允价值供给之间的分歧，除非实施条件稳健性的成本特别高（Black，Chen 和 Cussatt，2018）。与人们通常认识的不同，研究证据表明，稳健性并没有限制财务报表在资本市场中的信息作用。当公允价值估值不可核实时，条件稳健性能在某种程度上补充公允价值会计，此外增强自愿披露也能解决部分信息问题。在投资者需求强大时，公允价值估值信息的不可验证性会受到条件稳健性的控制，这就对公允价值运用的市场环境提出了要求。如果条件稳健性不足，又无法强化非条件稳健性，则大范围引入公允价值计量可能削弱会计稳健性。

（四）会计稳健性检验的审慎解读

由于本书只以 2006 年会计准则施行前后的四年作为样本期间，在综合同类研究的结论时，应避免武断地因会计稳健性水平下降，就否定会计准则改革的成果和方向。毕竟，以财务报告为载体的会计信息的质量是会计准则与其他各种制度安排共同作用的结果（Rahman 等，2002）。现有研究也表明，国际财务报告准则比各国（除美国外）准则具有更高的质量（Ashbaugh 和 Pincus，2001；Hung 和 Subramanyam，2007；Barth 等，2008），但采用高质量的会计准则并不一定能够提高会计信息质量（刘峰等，2004；Daske 和 Gebhardt，2006）。以发展中国家为例，在资本市场还不成熟，投资者法律保护环境和执行机制尚不完善的背景下，参照国际会计准则的协调举措本身对会计信息质量的提升有限。Dobija（2009）同时指出，在转型经济和发展中国家进行价值相关性研究时必须注意两个问题：会计信息披露可能不充分或者资本市场的定价无效。因为会计信息的价值相关性必须具备一定前提，应确保足够的市场效率；表现为：公司管理当局不会利用信息优势以自利，股价能反映市场参与者的预期，资本市场不易受少数人操纵。对发展中国家而言，会计监管和公司治理对会计信息价值相关性的改进不可或缺。Jindrichovska（2001）研究了捷克资本市场，采取多个模型检验会计盈余是否影响股票价格，发现捷克资本市场存在会计信息价值相关性的支持证据。

首先，会计准则改革会产生暂时性制度变迁成本。由于会计准则变迁，投资者需要调整对会计信息准确度的预期，投资者要再次发生信息搜寻和分辨成本，同时也可能引起公司资本成本上升。

其次，会计准则的实施效果有阶段性差异。会计准则从颁布到发挥既定作用，要经历几个阶段，如实施前、实施初期和成熟阶段，每个阶段准则的执行效果可能会表现出差异；投资者也在此过程中逐步认识和熟悉准则。毕竟，发展中国家和转型经济国家面临的经济环境快速变化和会计监管发展滞后等均可能对会计信息的价值相关性产生不利影响。Gordon 和 Rittenberg（1995）研究了波兰华沙证券交易所在 1993—1994 年的市场效率，认为当时的股票市场效率很低，政府介入干预，不过 Wheeler 等（2002）检验了华沙证券交易所的前五年发展，认为除了 1993—1994 年的泡沫时期之外，市场的总体定价效率虽然仍旧偏低，但却逐年稳步增加。Jermakowicz 和 Tomaszewski（1998）研究发现了华沙证券交易所在 1995—1997 年会计盈余的价值相关性的初步证据，他们认为，上市公司的盈余和股票年收益率呈正相关，各种回归模型的调整 R^2 均位于 6%—10%。Bechev（2003）采用多种统计手段检验 1996—2003 年的三个中欧证券交易所的市场效率，发现华沙证券交易所的市场效率在此期间有显著提高。Zgaljic（2004）认为华沙证券交易所从 2000 年开始效率有所改进；除了小规模公司和新公司外，大企业股票价格的市场行为已经改善，市场达到了弱式有效。

最后，会计准则的实施效果不能脱离执行机制。高质量的会计信息不仅取决于会计准则本身，而且还有赖于准则执行的配套制度环境和有效的执行机制（葛家澍，2002）。Abody 等（2002）也指出，资本市场达到半强势有效是价值相关性研究的前提；以往有关波兰和其他转型经济国家的资本市场的研究都证明了最初市场呈低效率，随后得到逐步改善。Hellstrom（2006）考察了1994—2001年的捷克资本市场，发现会计盈余和股票收益率之间越来越显著相关。Naceur和Nachi（2006）研究了突尼斯证券交易所上市公司的数据，发现会计盈余、账面净资产以及现金流量与股票价格呈显著正相关，尤其是在1997年突尼斯会计改革以后这些变量与股票价格的相关性得到显著改进。Landsman、Maydew和Thornock（2011）研究了27个国家的上市公司盈余的信息含量，发现相对于11个采用本国国内会计准则的国家而言，强制采用国际财务报告准则的16个国家的上市公司报告的年度盈余的信息含量会显著增加；他们认为，强制采用国际财务报告准则的效果在于每个国家国内相关法律的生效时间，而有助于增加国际财务报告准则下会计盈余的信息含量的保障机制包括及时报告、增加分析师跟进以及增加外国投资。

因此，随着会计准则应用的不断深化和成熟，相关配套制度环境和执行机制的设立和完善，会计准则的会计信息规范效应会逐步增强。针对2006年会计准则施行前后的会计盈余稳健性检验的结果，提醒会计准则制定机构和监管机构在会计准则国际趋同的进程中，应充分考虑我国的具体经济环境，放弃部分会计准则制定权的同时，要将重点放在会计准则的引导和执行上，面向国内会计信息市场最大限度地行使好会计准则的选择权和解释权，真正分享国际会计制度创新的收益，又确保政府会计监管目标的实现。

第六章　研究结论与政策建议

一、研究结论

（一）理论研究的结论

1. 政府会计监管是一种与市场自发运动相对应的政府行为。公共利益理论强调会计监管是为了满足公众要求而纠正某些社会个体和社会组织的不公正、不公平和无效率或低效率行为；同时也是缓解或清除市场失灵的必要手段。然而，"公共利益"概念的模糊性，监管过程的复杂性，监管主体的有限理性，使得监管机构的出发点很可能具有自利倾向，况且政府监管本身存在成本，由政府监管带来的福利损失和成本可能大于市场失灵的成本。基于理论构建的过于抽象和理想化，公共利益理论不能完全解释、评价和指导会计监管政策的制定。注重实践经验，强调实证研究结论的俘获理论观察的是监管制度及其实施的公正性和独立性，考察监管机构的主观动机和客观行为。但是由于先天的理论基础薄弱，对会计监管的供给和政府监管行为异化解释不够。源自政治活动经济学理论的利益集团理论，相比前两种理论，能更好地预测监管是否真正起作用，对监管的各种问题给出现实的回答和解决办法。

一般认为，严格的披露要求会提升证券等交易市场的流动性和效率，降低公司的资本成本。如果披露符合公司的最佳利益，那么就没有必要对披露施加监管了。然而，在现实中鲜有完全的自愿性披露，公司典型地表现出只作监管要求程度的披露。原因之一可能是披露对公司而言是有成本的。不过，即使披露的成本巨大，也并不表明披露监管就是必然或预期的行为。考虑到披露的成本，很可能公司的披露政策或选择是符合社会福利的最优决策。披露监管要求或鼓励公司做出更多准确信息披露，有其存在的合理性和价值。监管所带来的益处源自其引发的外部性，即帮助各个公司内化部分因自身信息披露所带来的社会价值。

2. 政府会计监管在会计规范化进程中发挥了重要作用，同时也不可避免地存在一些自身无法克服的缺陷。政府会计监管能弥补会计信息公共物品的缺陷，降低会计信息分布的不对称性和外部性，控制会计信息的经济后果，联结委托代理链条的正常运转，也是促进会计发展和变革的有力推手，尤其在经济转型时期发挥着特殊的作用。然而，政府的决策通常滞后于变化中的经济现实；当相关信息累积到一定程度足以引起政府重视时，巨大的社会损失已然发生。政府监管也不能避免外部性；政府垄断会计规范的制定权，在权力无约束，缺乏竞争和激励，监管者内部存在摩擦和协调成本的情况下，内耗导致政府监管的效率低下；当政府监管设立多重目标，冲突的目标必然导致政府角色的冲突。

我们进一步尝试从理论分析的角度发现政府会计监管的合理水平和适度界限。建立在政府会计监管社会成本和收益分析基础上的成本收益模型指出，随着监管机制的完善，监管的社会收益开始显现，会计信息市场缺陷得以有效弥补，会计信息质量提高，监管社会成本逐步下降，而社会收益逐步增加，达到最大的成本收益差，此时会计监管的效果最佳；而监管不足和监管过度都是监管效果低下的表现，政府会计监管的着力点应放在市场失灵的潜在危险地带，且社会影响面广，契合成本效益原则的宏观经济事项。基于完全信息静态监管博弈模型的推导表明，监管机构和被监管者之间的行为选择取决于监管成本、违规惩戒的罚款、被监管者的预期收益和损失等因素，可以为政府会计监管决策提供重要参考价值。会计准则是政府会计监管的一种制度安排，具有公共物品特性；会计准则会导致财富在不同利益集团间转移，显著的经济后果使得会计准则成为准则制定机构和各方利益相关者博弈权衡的产物，合理有效安排的会计准则能降低资本市场的交易费用，并对其他国家或地区辐射正的外部性。要评价政府会计监管的效果可以从监管机构的独立性、监管的透明度和效率等角度分析，但确定一个具体的衡量标准时则要慎重，查处违规案例越多更加印证了监管的无效而不是有效；从共性的角度来看，无论是会计信息失真的数量，还是政府会计监管部门查处的违规数量，一定程度上衡量的都是会计准则的执行效果。会计准则的执行效果应能比较契合地反映政府会计监管的效果。

3. 政府会计监管是一个实践命题，需要将不同国家政府会计监管的具体实践进行梳理，抽象掉种种差异并在此基础上完成对政府会计监管实践的总结。目前世界范围内的主要会计监管模式有三种，即政府主导型监管模式、政府引导下的行业自律监管模式和独立机构监管模式。美国、英国和日本等国的政府会计监管的变迁历史表明，多数时候会计监管变迁的直接目的是为了纠错和改进，会计监管的演进总是落后于会计实务的创新；政府是主导和推动会计监管变迁的主要力量。会计准则制定模式的变革是会计监管变迁中的重大调整，政府监管与行业自律模式的最终融合恰恰说明了单一模式下的会计监管是低效和不现实的。任何国家都不能照搬别国的监管模式。某个国家成功的会计监管的经验，却并不一定适用于他国。政府监管与行业自律模式融合的实现方式和程度，机构和制度设计等还取决于各国的社会制度和意识形态等多方面因素的综合影响。也许各国政府会计监管的最终实现路径各不相同，但目标和归结点是相似的。

我国政府会计监管的发展历程涵盖了四个阶段：初创时期、确立时期、改革创新时期和发展完善时期。目前，我国政府会计监管的会计法律法规体系基本形成，会计准则的变革已成为政府加强监管的重要表现和手段之一。经过这些年的发展变化，我国政府会计监管模式既体现出类似于各国政府监管模式发展变迁进程中的某些特点，强化政府监管的必要性和威慑力，又体现了中国现阶段会计环境的独特要求。这既促进了政府监管作用的发挥，又在某些方面制约着政府监管的效果。

（二）实证研究的结论

对会计监管效果的评价可以转化为评价会计监管政策要求和会计监管政策的执行过程。我国 2006 年发布的会计准则体系实现与国际趋同的目标是为了获得高质量的会计信息。而作为财务报告重要质量特征的会计稳健性能同时满足会计准则制定层面和会计监管层面的需求。因而我们从会计准则变迁的视角研究我国上市公司会计稳健性水平的变化，以便为政府会计监管的效果提供初步证据。实证研究发现：（1）2005—2008 年我国境内上市公司会计盈余在 2006 年会计准则实施前和实施后均存在盈余稳健性特征，也就是说上市公司对于“坏消息”的反映要比对“好消息”的反映更及时；（2）与 2006 年会计准则实施前相比，会计准则实施后我国上市公司的盈余稳健性显著降低，盈余稳健性的及时性和持续性模型的回归系数均与预期相符证明了研究假设成立，即 2006 年会计准则降低了我国上市公司的盈余稳健性。一方面，上市公司的条件稳健性水平下降，另一方面，2006 年会计准则采用通行的国际惯例，削弱了一些原来会计处理的更为稳健的要求，导致准则施行后上市公司的非条件稳健性水平可能也下降。当然，由于研究的时间窗口比较短，在尽量捕捉会计准则对会计市场的早期和直接影响时又不能忽视，会计准则的实施效果有阶段性差异，不能脱离配套制度环境和有效的执行机制，这也说明了政府会计监管在会计准则这个主要手段之外还应有相宜的其他制度安排和举措，共同作用实现政府会计监管的目标。

二、政策建议

会计监管效率低下将无法有效制约会计信息的生产过程，会计信息质量不高，则进一步导致不同利益主体之间的经济利益分配不合理。由于会计监管的实施充满复杂性，会计监管能否实现预期效果需依赖多种因素的综合作用，需要政府监管机构引导其他多个市场主体发挥各自优势，努力建立并适时修正会计规范，采取多种手段和机制，尽力实现会计监管的理想目标。

（一）完善政府会计监管规则，促进立法的更新和完备

首先，我国政府会计监管应遵循依法治国的基本国策，坚持依法监管的原则。立法机关要及时制定行之有效的会计监管规则。政府监管机构应严格依照法律法规办事，尊重法律的公平性和公正性，以实现有效监管。目前，我国的法律环境相比主要会计法律制定时的客观环境已经发生变化。监管方式由过去行政性管制为主转向更多采用国际规范方式，应重视监管制度、业务基础制度等相关基础设施的建设，更多地依靠市场机制和法治，使监管工作制度化和程序化。在面临会计实务的创新时，早期制定和修订的会计相关法律法规已显现出滞后性。会计实务的创新在适应和推动经济发展的同时，也给会计监管带来了挑战。一旦会计监管规则出现缺漏，不能及时发现复杂经济环境中的新业务并给予及时规范，而传统的会计实务又无法有效应对，必然造成企业会计处理的无所适从或不当，增加会计监管的困难和负荷。

其次，注重投资者保护的各项法律建设，促进投资者保护的相关法律得到有效执行并加大违规处罚的力度。财务欺诈和舞弊的驱动力在于巨大的违规收益，有了超额收益的刺激，企业的违规成本就在可承受的范围之内，企业的违规风险及后果相比就轻微得多。如果社会环境等综合因素使得虚假会计信息的预期收益为负，企业自然会披露高质量的会计信息。因此，会计盈余质量的影响因素也包括法律制度。如果整个社会的法制环境健康，相关法律法规的执行

程度较高，公司管理当局为追求公司或私人利益最大化而进行违规披露所实际面临的法律风险就会较高，由此所生产的边际收益小于边际成本，从而迫使公司管理当局认真而有效地执行会计准则，减少会计违规行为。从历史上看，我国有关投资者保护的法律正不断被完善，公司管理当局因会计违规行为所承受的法律风险逐渐提高，但总体来说，公司管理当局实际面临的法律风险程度还是较轻，违规惩戒偏重追究行政责任和刑事责任，忽视对遭受损害的投资者的民事赔偿，即使确定了民事赔偿金额，也以投资者遭受的实际损失为限，并且不接受集体诉讼，由此带来的后果是公司管理当局因会计违规行为承担的法律风险偏低，在一定程度上助长了公司管理当局的机会主义和侥幸心理。

上市公司康得新虚增利润 119 亿元被罚款 60 万元的类似案例不断出现，再次挑战了公众对上市公司虚假披露等行为违法成本低的认知。始于 2015 年的《证券法》修订，已经历时四年三稿。大幅提高欺诈发行、财务造假等违法违规行为的代价和成本已成为共识，将违规金额与比例结合起来，顶格处罚可以到破产清算甚至继续追究责任。建立具有中国特色的证券集体诉讼制度，由投资者保护机构或者有社会公信力的第三方召集协调，帮助处于弱势的中小投资者向上市公司主张权利。因此，应继续建立健全有关投资者保护的各种法律，尽快修改完善相关司法解释彼此呼应的《中华人民共和国证券法》《中华人民共和国刑法》《中华人民共和国公司法》《中华人民共和国民法》等有关规定，系统性框架同步建立之后，便于监管层在政策细化或司法解释的空间内操作执行。除了上市公司管理当局，还应对上市发行人、上市公司控股股东、实际控制人等作出的虚假信息披露行为大幅提高罚款、罚金数额标准，从民事责任、行政责任、刑事责任和失信惩戒制裁等方面提高违法违规成本，支持投资者依法提起民事损害赔偿诉讼。通过法律的约束和震慑，确保会计准则的规制效果实施到位，提高会计信息质量。

（二）增强政府监管体系的竞争力，引导行业自律

首先，针对我国会计监管主体较多，而各有关利益方之间缺少沟通和协作，应加强各监管主体之间的联动和协作，减少冲突。在资本市场上，会计准则的制定和执行以及会计信息披露的规范分别由财政部和证监会承担。由于两者的职责范围和人员代表性不同，在履行各自职责时可能并未充分征求关联部门的意见，导致法规发布之后存在相互交叉或缺乏衔接。这种各自为政的法规建设现象在一定程度上影响了法规的权威性和执行效果，应进一步细化各监管主体

的职责，建立相应的法律追究体系，提高政府会计监管体系的运行效率和竞争力。同时，鉴于上市公司会计监管的系统性和复杂性，上述两项重要职能或职责的集中行使可能是未来更现实的选择或发展方向。根据现行法律规范，会计监管体系的构建应以独立监管为主、机构上独立于行政部门；机构成员由多方任命，实行固定任期；经费来源不单纯依赖于会计师事务所等中介机构；在职能定位、人员管理、薪酬标准等方面均实行不同于行政部门的管理方式；机构成员的专业化知识结构分布合理，不受外界的经济及其他利害关系影响，机构运作模式坚持技术化要求同时兼顾灵活性，以维护监管的权威与程序及结果正义。

其次，应融合注册会计师及职业团体为代表的行业自律机制，实施适度的政府会计监管。注册会计师作为独立的中介机构执业者，对会计信息进行审计鉴证，在某种程度上代替政府行使了监督职能，是保证和提高会计信息质量的第一步。引导行业自律也是政府监管的一种实现手段，对行业团体的自律管理再进行监督，可以最大限度利用行业自律管理及时和灵活的优势。在此基础上，理顺监管机制，整合监管资源，形成监管合力，适度的政府监管即能完全满足政府会计监管的目标。因此，应进一步强化会计师事务所的自律管理措施，持续推动修改《中华人民共和国注册会计师法》与相关配套的规章制度，将注册会计师的资格准入、专业技能和道德行为有机地融合起来，以注册会计师执业质量标准和职业道德准则为标尺，不断提高会计师事务所执业质量。近年来随着证券交易所层级的国际合作和协调显著增加，跨国跨境监管在监管理念碰撞、监管尺度差异、信息获取共享力度、监管技术与手段升级迭代方面都有了较大进展。主要国家为应对审计行业集中度过高，竞争力不足，审计质量下降的忧虑，在审计行业推动了一系列变革。我国监管机构可借鉴其中有益的经验和做法，对会计师事务所、保荐人等中介机构未对虚假信息披露勤勉尽责，发表不当意见的行为严惩不贷，绝不纵容姑息。

（三）改进会计监管措施，完善会计准则的制定和执行机制

基于会计监管的特性，会计准则的制定是会计监管极其重要的组成部分。我国会计准则的制定采取的是政府监管模式，会计准则并不完全由各方博弈决定。会计准则质量和执行效果同时受会计准则的制定机制和过程影响。另外，为了顺应经济和资本市场全球化的要求，实现我国加入世界贸易组织的承诺，及国际社会对我国市场经济地位的认可，我国迈入了会计准则国际趋同的进程。

一方面可以利用国际资源解决国内的会计问题并提升在国际规则中的影响力，另一方面帮助我国企业顺利走向国际资本市场。但趋同只是手段，作为新兴市场经济和转型经济中的国家，长期以来实行的统一会计制度和文化法律环境培养的是更适应规则性会计规范的应用者，企业、注册会计师甚至监管机构本身都不例外，因此，会计准则的制定理应充分考虑我国的具体经济环境，毕竟高质量会计准则的执行情况决定了会计准则的实际效用和监管效果。

首先，增强会计准则制定机构的代表性和制定过程的公开性。会计准则国际趋同是会计准则的变迁，要发生一定的制度变迁成本，动摇市场原有契约的有效性和灵活性，并削弱各种契约，通过会计政策选择，向市场传递信号的能力。因此，会计准则的变革具有经济后果，会导致公司治理核心机制的重新调配，影响不同利益主体间的利益分割、责任认定与资源配置等。为了协调受影响各方的利益，准则制定机构应吸纳各相关利益方的代表，尤其是处于会计信息生产环节的上市公司和会计职业界，以便各方能够更有效地表达意见，维护自身利益。虽然会计准则体系的构建与改进一直受到各方的广泛关注，但在我国，会计准则制定过程中的公开性和透明度不高，上市公司等会计信息市场的参与主体难以介入准则制定程序施加影响。而未经充分考量的低质量准则，一旦颁布施行，在其适用范围内都必须无条件执行，将导致社会公众对会计准则的制定质量和执行效果的质疑。此外，在会计准则正式发布前，准则制定机构应就每项准则进行抽样调查和实地调研，试点开展会计准则在行业代表性上市公司里的全面使用，以便及时预估会计准则推广应用中可能出现的问题，适时推出解释公告和应用指南等，提高对会计准则执行效果的预见性。

其次，我国会计准则已进入与国际财务报告准则全面和持续趋同的进程，这就意味着我国必须放弃部分会计准则的制定权。毕竟，从目前来看，我国只是参与国际会计准则理事会各个层面的运作，虽然在地区性准则协调机构中处于领导地位，并和国际会计准则理事会定期互动，但却不能决定国际会计准则理事会以及未来国际准则的最终走向。因此，在受益于国际会计准则的制度创新时，不能忽视国际会计准则可能带来的不利经济后果，必须明确自我定位，保留对会计准则的选择权和解释权。一方面，积极主动地影响国际会计准则理事会，表明我国的特殊情况，尽可能促使国际会计准则理事会在国际准则制定和修订中考虑中国国情，并及时反馈我国实务界在会计准则执行中碰到的问题，鼓励实务界和学术界积极向国际会计准则理事会表达意见和建议。另一方面，我国的准则制定机构和监管机构要从国情出发，在保留现有有效做法的同时对国际先进经验加以选择和借鉴。在准则实施过程中密切关注准则出现的新情况、新问题，完善相关准则的解释和运用指南。2018 年末至 2019 年初，因两三年前上市公司狂热的并购重组，尤其是跨行业并购的盛行，高溢价并购导致的高商誉频现，直到业绩承诺期目标未能兑现，引发了巨额商誉减值的隐忧。“商誉及其减值”的话题延伸出是对商誉减值测试、摊销，还是减值与摊销并行的大讨论。财政部会计准则委员会坚持国际通行做法，自 2007 年开始就施行对商誉采取减值不予摊销的处理。显然，由于商誉减值的沉重包袱对上市公司的业绩影响，使得资本市场对会计准则的处理要求产生了动摇，甚至怀疑准则要求的合理性。然而，商誉摊销治标不治本。除了理性看待基于国际财务报告准则之上的企业会计准则，确实需要更好地根据企业实际，制定准则解释和运用指南之外的源头管控——强化并购重组监管才是督促上市公司高管理性做出并购决策，避免高溢价、高商誉，同时化解准则执行困惑的根本。在原则导向的国际会计准则基础上，补充适用于国内实务的、更详细的会计准则应用指南和案例指引，这样既可以体现对会计准则的主动和务实选择，更适宜国情的会计准则也有助于降低执行成本，提高准则的执行力，维护国家经济利益。对于国际财务报告准则的急剧变革，可以适当暂缓引入新的国际准则，密切观察评估新国际准则在已实施地区和行业内的执行情况，为正式引入国内做好理论推广和实务经验上的充分准备。然后采取递进的方式，逐个或按配套模式引入新的国际财务报告准则，并在该准则发布时，鼓励会计准则应用者积极参与意见反馈，评估准则在国内的适用性。针对目前已施行的企业会计准则，应尽快完善准则的通用分类标准，加强会计信息化建设，并实施监管扩展分类标准，为紧随而来的大数据、人工智能等技术手段在会计领域的应用转化并储备财务及相关数据。

再次，根据会计准则变迁明确监管重点，加强会计职业人员队伍的建设。高质量的会计信息不仅需要高质量的会计准则明确处理规范，更重要的是会计准则运用的直接主体——会计人员应判断准确，理解到位。我国发展和应用会计准则的历史较短，同时密集地引入了许多国际会计的新理念和新原则，导致会计处理方法变得较为复杂且更具灵活性，需要更多的职业判断，比如，现阶段我国公允价值的取得和计量依然存在较多问题，而公允价值计量属性的适度引入，增强了对会计人员职业判断能力的要求；不同的会计人员其知识水平、职业经验、经济背景以及所在公司的情形都可能影响到职业判断的结果。毕竟，我国长期实行的会计制度是规则性导向的会计标准，会计人员熟练应用原则性会计准则还需时日，以逐步培养和提升职业判断能力。部分企业不重视按照会计准则的要求充分披露信息或信息披露与企业经营不具有直接相关性，流于表面和形式化；对复杂交易事项和新交易事项的理解和执行存在困难；对会计估计与判断太随意等。因此，培养一批具有国际会计理念，知识结构较为全面，具备较强职业判断能力和牢固职业道德观念的会计人才是当务之急。从政府会计监管的最终目标来看，政府监管机构需要转换身份，更多地实施间接监管，引导行业自律，而自律机制的创造和发挥作用也必须有高素质的会计人才队伍作保证。

（四）积极利用大数据和区块链等技术手段，提升政府会计监管效率

大数据时代带来整个社会的大变革，目前多国政府及监管机构已积极出台了金融科技、监管科技的相关政策和条例。证监会于 2017 年启动了监管科技 3.0 的相关工作。2018 年 8 月，证监会发布《中国证监会监管科技总体建设方案》，标志着证监会已完成监管科技建设工作的顶层设计，并进入了全面实施阶段，其中上市公司信息披露违规及财务风险分析是六大重要分析方向之一。借助大数据手段的快速提炼、比对、深挖、探索等环节，能实现在上百页的年报和数百份临时公告中快速检索企业信息，预先设定的严密规则网可以对会计科目和财务指标进行规则勾稽，自动排查收入、成本、利润、资产、现金流等多维度关系的内在一致性，识别跨周期的异常变化，最终发现违规迹象并匹配相应的违规动机，从而实现严密的事中事后监管。

区块链作为一种会计技术，重点在于确保企业资产所有权转移的准确，并实现清晰正确的会计信息账簿登记。对于会计人员来说，使用区块链可以绝对准确地记录企业的资产和负债及其变化历史，降低账簿核算成本，显著提高核算效率，将更多资源和精力放在价值计量、评估、披露和企业资源分配上。与机器学习等其他自动化趋势一样，区块链将导致越来越多的交易层级会计核算工作自动化，资产的所有权，譬如账款等可以通过区块链记录来验证，但其可收回状况和真实价值等仍然需要进一步查验。区块链有效替代簿记后将极大释放目前会计核算和信息披露中资源投入的范围和对象，例如，在并购重组的尽职调查中，对某些关键金额达成的分布式共识，将让人们有更多的时间进行判断，收集专业建议，从而对目前并购中商誉高估的问题起到有效的遏制。区块链技术在上市公司会计核算、信息披露中得到广泛运用后必将极大减轻监管层

事前事中会计监管负荷，将监管视角更多转向会计准则的合规应用上，上市公司在构造交易虚假信息披露等方面将无计可施，极大提高会计监管的成效，促使社会各类经济资源要素的合理使用。

（五）改善公司内部治理机制，为政府会计监管奠定坚实基础

财务欺诈和舞弊案例的层出不穷表明，以法律法规惩戒等手段迫使公司遵循和执行监管规则，实现的强制监管效果依然有限。Kmiminich（1990）曾指出，如若公司不能自愿、自主地遵守和服从，政府采取强制措施也只能执行法律的3%—7%。即使是在市场经济发达国家，威慑机制也难以从根本上杜绝会计违规行为的发生。从各国公司治理改革的实践来看，完善的公司治理机制能够有效地保证会计信息质量。公司内部控制体系是会计信息质量的内部保障机制，是决定会计信息质量的内生性变量；政府会计监管是会计信息质量的外部约束机制，是会计信息质量的外生性变量。外部监管固然重要，但公司的内部控制体系更是有效实施外部监管的基础和前提。缺少了完善和高效运作的公司治理机制，政府会计监管的力量即使再强大，监管程度再密集，也不可避免地退化成形式上的监管，而不具有实质性作用。因此，公司管理当局应建立有效的内部控制体系以加强自律；当然只有表面上完备的治理结构是不够的，内部控制机制在执行过程中可能形同虚设。从日本东芝财务丑闻可以看出，东芝虽然按照《日本公司治理法规》的要求，建立了类似欧美企业经营和监督分离的公司治理体系，引入了外部独立董事，但监督职能依然流于形式。公司管理当局更应该从企业氛围和共同价值观的层面培养规范、诚信与合作的治理文化，将法律法规和组织规则等融入个人的自觉行为，引导日常决策制定和行为实施趋向良性，增强自我约束和自我激励的能力，从而提高在资本市场上吸引优质资源的能力，特别是在面临外部环境因素不利，内部经营困难之时，顶住短期盈利目标压力，争取投资者对公司及行业发展境遇的理解，保证会计信息应有的质量，为政府会计监管奠定坚实基础。

（六）发挥公众的舆论监督作用，实现对政府监管的再监督

首先，政府会计监管是外部监管行为，应开放与公众的沟通机制，及时获取会计信息市场的变化数据，拉近时间上的距离，使会计监管更有效率。公司内部员工是特殊的一类群体，他们直接参与企业的生产经营，对企业会计违规行为的如实举报是社会监督的一部分，也为政府监管提供了线索。新闻媒体也是发挥社会监督作用的重要主体，他们挖掘和分析各种公开和非公开的信息，

使得潜在问题显现出来，协助其他群体尽早识别财务欺诈和舞弊。Feroz，Park和Pastena（1991）曾指出，美国会计舞弊案例中大约有29%是新闻媒体最先报道的；记者通常收集财务分析师、审计师和法庭诉讼以及SEC的公开资料，进行综合分析，发现公司问题并予以报道，帮助公众获得完整的信息。因此，新闻媒体虽然只是信息的来源渠道之一，但若没有新闻报道，一些公司的会计违规行为可能不会被发现，或者至少被掩盖、隐瞒一段时间。越来越多的研究表明，强大的新闻监督可以对一国的政治和经济产生积极的正面影响，对会计违规行为产生重要的舆论作用。但目前我国的新闻环境虽然已放开，但新闻媒体的监督作用还不够广泛和深化，即使媒体机构不存在与违规企业合谋的内在动机，可是受制于地方保护主义等的影响，缺少对财务欺诈案件的深入报道，没有起到应有的社会监督作用。

其次，利用新闻媒体等公众力量完善对政府监管的再监管。政府监管主体能否做到规范监管和积极监管，实现政府会计监管的效果，也需要落实政府监管的问责机制，厘清各种低效监管行为所应承担的行政责任和刑事责任，落实并加强政府监管从业人员的业绩评价和考核。重要的是，发挥社会公众和新闻媒体的力量对监管部门进行再监管，公开监管行为，提高监管透明度，强化社会公众的参与意识，让各种低效监管行为无所遁形。监管信息作为社会公共信息资源之一，应及时公布，响应资本市场主体和公众掌握监管机构的政策意图、监管职能履行信息的需求。对会计违法违规行为查证惩处的反馈也是会计监管的重要环节，监管机构有义务按程序及时公布。同时，监管行为的透明性和可预见性可以帮助实现资本市场主体与监管机构之间的良性互动，降低监管不当的损失。若相关信息只流转于少数人，资本市场主体对会计监管政策及制度的变化缺乏及时、客观的评估，不利于减少偏见、反而形成对立，从长远看，将阻碍监管机构与市场主体打破监管与被监管的固化，无法取得“齐心协力”的预期效果。

总之，在继续完善政府会计监管的同时，顺应经济和资本市场全球化的要求，应适时调整单一的、面向国内的会计监管策略，把握全局性、综合性的国际视野，恰当处理国际会计监管中的差异和冲突，维护国家经济安全和经济利益。

三、研究不足

本书的研究存在以下不足：第一，在理论研究部分，在政府会计监管的适度性分析中采用了完全信息非合作静态博弈模型。一般被监管者决策在先，监管机构监管在后，但监管机构不知道被监管者是否发生了会计违规行为，因此可以采用静态博弈模型。但是现实情况比本书假设的情形更复杂，被监管者是否出现会计违规行为，监管机构是否监管，是否因公众举报或者案发牵连才实施监管行为，以及监管机构监管是否能发现问题等都不确定，所以有必要采用不完全信息博弈均衡模型进行补充。本书对几个主要国家的会计监管变迁历史进行了初步研究和总结，但缺少对与我国类似的新兴经济体国家和处于转型期国家的会计监管进程的归纳，所以对会计监管制度变迁历史的国别比较还有待深入、系统。第二，在实证研究部分，本书从会计准则变迁的角度检验政府会计监管效果，当然会计准则并不是会计监管体系的全部，但却是其中最重要的组成部分；我们以会计稳健性水平的变动检验会计信息质量在准则变迁后是否提高，不过还有不少研究从盈余平滑的角度衡量会计信息质量（Bhattacharyac-tal，2003；Myers 等，2007），考虑应计总额与经营性现金流之间是否存在负相关关系，而且检验比较适合投资者保护相对较弱的法制环境，这对本书的研究是很好的启示。此外，本书研究选取的时间窗口比较短，希望能捕捉会计准则对会计市场的早期和直接影响，因此无法判断会计稳健性水平的变化是长期趋势，还是暂时现象；而 2001 年起施行的《企业会计制度》可能存留的系统影响也会干扰检验结果；另外还缺少经历类似会计准则国际协调的其他国家的经验支持。

四、未来研究展望

鉴于本人的理论和实务水平有限，本书的研究只是从理论上就政府会计监管效果的若干问题，以及基于准则变迁视角的监管效果检验等方面提出了个人的一些见解和认识，以期为我国政府会计监管的完善提出行之有效的建议。关于本题的研究还有待进一步深化：虽然理论上借助政府会计监管的社会成本和收益分析模型能确立政府会计监管的合理水平和适度界限，但要得到实际的合理监管水平存在不小的难度；利用监管的收益成本差可以直接度量监管效果，相对监管成本，监管收益的度量是问题的关键，应研究多角度的监管收益衡量体系，比如会计信息不对称性的改善程度，会计信息失真减少程度，投资者投资信心的恢复程度等，从中确立可获得的度量指标和合理替代变量。此外，就国内而言，不同省、市、自治区的会计环境差异是否显著影响各地上市公司的会计稳健性水平变动，影响会计准则的执行效果，从而应结合实际情况调整地方会计监管策略，以消除政府会计监管的地域差异？在会计准则国际趋同的背景下，需要加强国际会计监管的政策研究，特别是关注我国与其他国家或地区在会计监管相关法律法规方面的差异，修改完善相关规定，研究会计监管冲突的权衡机制和解决办法，适应我国企业跨境上市和跨境经营产生的新问题和新风险，实现监管手段的国际接轨。

参考文献

[1] 曹冈. 新《会计法》对会计理论的影响 [J]. 会计研究, 2000 (5).

[2] 陈工孟, 高宁. 我国证券监管有效性的实证研究 [J]. 管理世界, 2005 (7).

[3] 陈国辉, 李长群. 论会计市场失灵与政府监管 [J]. 会计研究, 2000 (8).

[4] 陈国辉, 陆建桥. 企业产权组织、会计信息质量、会计监督——兼析我国国有企业会计信息反映失真、会计监督弱化的深层动因 [J]. 会计研究, 1996 (5).

[5] 陈国进, 赵向琴, 林辉. 上市公司违法违规处罚和投资者利益保护效果 [J]. 财经研究, 2005 (8).

[6] 陈汉文, 姚尧. 公司制企业会计管制问题研究 [J]. 厦门大学学报 (哲学社会科学版), 1999 (4).

[7] 陈静, 李红. 会计准则执行力研究——监管视角 [J]. 经济研究导刊, 2009 (35).

[8] 陈艳, 孙晓梅. 透视会计管制及其经济后果 [J]. 审计研究, 2004 (6).

[9] 崔学刚, 张宏亮. A 股、H 股报告盈余稳健性趋同研究——中国会计准则国际趋同效果的初步证据 [J]. 当代财经, 2010 (9).

[10] 丹尼尔·F. 史普博. 市场与管制 [M]. 余晖, 等, 译. 上海: 上海人民出版社, 1999.

[11] 樊行健, 胡成. 论会计管制与会计制度弹性 [J]. 北华大学学报 (社会科学版), 2007 (2).

[12] 方红星. 制度竞争、路径依赖与财务报告架构的演化 [J]. 会计研究, 2004 (1).

[13] 冯巧根. 制度变迁的成本分析: 以会计制度为例 [J]. 财经理论与实

践，2008（3）.

［14］盖地．会计差异与会计准则国际化之我见［J］．财务与会计，2001（6）.

［15］葛家澍．美国关于高质量会计准则的讨论及其对我们的启示［J］．会计研究，1999（5）.

［16］葛家澍．会计基本理论与会计准则研究［M］．中国财政经济出版社，2000.

［17］葛家澍．安然事件的反思——对安然公司会计审计问题的剖析［J］．会计研究，2002（2）.

［18］葛家澍，刘峰．会计准则国际化沟通、协调、规范［J］．财务与会计，1993（2）.

［19］葛家澍，刘峰．从会计准则的性质看会计准则的制订［J］．会计研究，1996（2）.

［20］郭旭芬．资本市场会计规范效果的价值相关性检验［J］．集美大学学报（哲学社会科学版），2006（3）.

［21］韩传模，田琨儒，刘建平，等．会计职业道德的自律机制［J］．会计研究，2001（1）.

［22］郝旭光．中国证券市场监管有效性评价——基于问卷调研数据的实证分析［J］．烟台大学学报（哲学社会科学版），2013（1）.

［23］洪剑峭，娄贺统．会计准则导向和会计监管的一个经济博弈分析［J］．会计研究，2004（1）.

［24］黄世忠，杜兴强，张胜芳．市场政府与会计监管［J］．会计研究，2002（12）.

［25］黄世忠，林启云．后安然时代如何监管会计职业［J］．中国注册会计师，2002（3）.

［26］计小青，曹啸．中国上市公司会计信息披露管制：现实考察与经验证据［J］．广东金融学院学报，2006（3）.

［27］江川．会计准则制定中之利益关系人及其动机［J］．会计研究，1997（5）.

［28］蒋辉宇．跨国证券融资法律监管目标的合理选择［J］．法学，2013（2）.

[29] 李桂荣. 创造性会计与会计规则制定权契约安排 [M]. 四川：西南财经大学出版社，2008.

[30] 李国运. 资本市场与会计演化关系史研究 [M]. 北京：经济科学出版社，2007.

[31] 李连军. 会计制度变迁与政府治理结构 [J]. 会计研究，2007 (6).

[32] 李若山. 新《会计法》实施情况的问卷调查分析 [J]. 会计研究，2002 (4).

[33] 李远鹏，李若山. 是会计盈余稳健性，还是利润操纵? [J]. 中国会计与财务研究，2005 (7).

[34] 林炳发. 国有企业年度会计报表注册会计师审计报告质量监督机制问题初探 [J]. 审计研究，2000 (2).

[35] 刘峰，吴凤，钟瑞庆. 会计准则能提高会计信息质量吗——来自中国股市的初步证据 [J]. 会计研究，2004 (5).

[36] 刘凤委，张人骥. 中国 A 股上市公司利润平滑行为研究——基于新旧会计准则比较的经验证据 [J]. 上海立信会计学院学报，2011 (2).

[37] 刘世慧. 新会计准则与国际会计准则关于公允价值运用的比较 [J]. 商业会计，2008 (2).

[38] 刘晓华，王华. 会计准则的国际趋同与盈余质量——基于现金流量预测模型的实证分析 [J]. 经营与管理研究，2007 (11).

[39] 刘新仕. 会计信息监管成本效益分析 [J]. 商业研究，2009 (11).

[40] 龙小波，吴敏文. 证券市场有效性理论与中国证券市场有效性实证研究 [J]. 金融研究，1999 (3).

[41] 陆庆春. 新旧会计准则价值相关性的实证研究——来自每股净资产的证据 [J]. 生产力研究，2008 (2).

[42] 路媛媛. 后危机时代我国会计准则持续国际趋同探析 [J]. 经济与社会发展，2011 (8).

[43] 罗培新. 证券违法违规惩戒实效与制度成本研究 [J]. 上证联合研究计划第十三期课题报告，2005.

[44] 罗朝晖，樊丽红. 政府会计监管模式新探 [J]. 财会月刊，2006 (21).

[45] 马晓芳. 会计监管权利畸形及其抑制 [J]. 经济经纬，2007 (2).

[46] 毛志荣. 信息披露违规处罚实际效果研究 [R]. 深圳证券交易所综合研究所研究报告第54号，2002.

[47] 孟焰，王伟. 我国非经常性损益信息披露管制效果研究 [J]. 会计研究，2009 (6).

[48] 潘立新. 论企业会计风险的充分披露 [J]. 中国注册会计师，2006 (1).

[49] 綦好东. 会计管制与公司治理协同改进的机制研究 [J]. 经济管理，2008 (2).

[50] 钱晓红. 会计准则国际趋同研究 [J]. 财政监督，2010 (22).

[51] 乔治·斯蒂伯格勒. 公共选择理论——政治的经济学 [M]. 方福前，译. 北京：中国人民大学出版社，2000.

[52] 曲晓辉，邱月华. 强制性制度变迁与盈余稳健性——来自深沪证券市场的经验证据 [J]. 会计研究，2007 (7).

[53] 邵毅平，张健. 上市公司盈余管理、市场反应与政府监管 [J]. 财经论丛，2011 (1).

[54] 尚兆燕. 中国注册会计师行业监管的效率和效果——基于山东省会计师事务所和公司的实证调查和分析 [J]. 当代财经，2008 (1).

[55] 沈洪涛，冯杰. 舆论监督、政府监管与企业环境信息披露 [J]. 会计研究，2012 (2).

[56] 斯思. 监管环境与会计准则执行——基于证监会监管规定的市场反应证据 [J]. 税务与经济，2010 (2).

[57] 宋玉，李卓. 中国会计准则与国际财务报告准则会计盈余稳健性的检验——基于沪深AB股的经验证据 [D]. 中国会计学会2006年学术年会论文集. 2006.

[58] 孙旭. 美国证券市场信息披露的理论综述 [J]. 东北财经大学学报，2008 (2).

[59] 王海民. 对政府会计监管问题的几点看法 [J]. 会计研究，2001 (12).

[60] 王海燕，陈华. 违规监管、管理层薪酬与公司治理 [J]. 商业研究，2011 (4).

[61] 王建新. 我国会计准则国际化协调进程及其效果研究——基于沪深

AB 股的经验证据［J］. 会计研究，2005（6）.

［62］王良成. 政府管制、事务所规模与审计意见——基于我国 SEO 管制的实证研究［J］. 审计与经济研究，2012（3）.

［63］王秀丽. B 股上市公司国内外报告有用性比较的实证研究［J］. 新疆财经，2004（5）.

［64］王跃堂，孙铮，陈世敏. 会计改革与会计信息质量——来自中国证券市场的经验证据［J］. 会计研究，2001（7）.

［65］魏明海. 会计协调的测定方法［J］. 中国注册会计师，2003（4）.

［66］吴革，张新民. 中国会计的国际化［M］. 北京：中国财政经济出版社，2007.

［67］吴水澎，毕秀玲. 论政府对会计监管的必要性、缺陷和效果［J］. 厦门大学学报（哲学社会科学版），2002（4）.

［68］吴水澎，徐莉莎. 新会计准则实施的效果——从价值相关性的角度［J］. 经济与管理研究，2008（6）.

［69］夏冬林，刘峰. 试论会计管制与政府行为［J］. 会计研究，1995（5）.

［70］肖时庆. 上市公司财务报告粉饰法律责任研究［J］. 会计研究，2001（3）.

［71］肖小飞. 论会计监管效果的实证检验［J］. 会计之友，2006（4）.

［72］熊剑，罗晓林. 我国会计准则变更价值相关性实证研究［J］. 暨南学报（哲学社会科学版），2005（5）.

［73］徐虹，林钟高. 会计准则研究：性质、制定与执行［M］. 北京：经济管理出版社，2007.

［74］徐经长. 证券市场会计监管研究［M］. 北京：中国人民大学出版社，2002.

［75］徐荣华. 审计意见购买行为特征及监管研究述评［J］. 中国注册会计师，2012（3）.

［76］薛祖云. 会计信息市场政府监管研究［M］. 北京：中国财政经济出版社，2005.

［77］阎达五，支晓强. 论会计管制. 中国会计学会会计监管专题［M］. 北京：中国财政经济出版社，2003.

[78] 颜敏，王平心，张永国．强制性会计变更、证券市场监管与自发性会计变更［J］．中南财经政法大学学报，2006（1）．

[79] 杨敏，陆建桥，徐华新．当前国际会计趋同形势和我国企业会计准则国际趋同的策略选择［J］．会计研究，2011（10）．

[80] 姚海鑫，胡可果．上市公司会计管制执行力研究——以应收款项会计计量和披露为视角［J］．审计与经济研究，2010（2）．

[81] 于李胜，王艳艳．政府管制是否能够提高审计市场绩效？［J］．管理世界，2010（8）．

[82] 于玉林．会计监管——会计理论的发展与会计职能的扩张［J］．财会通讯（综合版），2004（5）．

[83] 张栋．政府监管注册会计师审计的有效性研究［J］．商业会计，2012（22）．

[84] 张俊民．会计监管［M］．北京：立信会计出版社，2000.

[85] 张美红，董秀琴，熊楚熊．我国注册会计师执业环境问题研究．上海：上海三联书店，2006.

[86] 张昕．中国亏损上市公司第四季度盈余管理的实证研究［J］．会计研究，2008（4）．

[87] 张宗新，朱伟骅．证券监管、执法效率与投资者保护——基于国际经验的一种实证分析［J］．财贸经济，2007（11）．

[88] 赵莹，张放．会计管制度量［J］．现代经济信息，2011（6）．

[89] 赵玉献．政府会计监管模型的选择与分析［J］．中国管理信息化，2009（7）．

[90] 植草益．微观规制经济学［M］．朱绍文，等，译．北京：中国发展出版社，1992.

[91] 周宝源．我国新会计准则效果价值相关性的实证研究［D］．第八届会计与财务问题国际研讨会论文集，2008.

[92] 周立保．中国会计准则国际趋同发展历程研究［J］．经济研究导刊，2011（22）．

[93] 朱茶芬．会计管制和盈余质量关系的实证研究［J］．财贸经济，2006（5）．

[94] 朱国泓．财务报告舞弊的二元治理［M］．北京：中国人民大学出版

社，2004.

[95] 朱伟骅．上市公司信息披露违规“公开谴责”效果的实证研究 [J]．经济管理，2003 (16).

[96] 朱元午．会计信息质量：相关性和可靠性的两难选择——兼论我国现行财务报告的改进 [J]．会计研究，1999 (7).

[97] Admati AR, Pfleiderer P. Forcing Firms to Talk: Financial Disclosure Regulation and Externalities, *Review of Financial Studies*, 2000.

[98] Ahmed, A. S., S. Duellman. Accounting Conservatism and Board of Director Characteristics: an Empirical Analysis. *Journal of Accounting and Economics*, Vol. 43, 2007.

[99] Ahmed, A. S., S. Duellman. Managerial Overconfidence and Accounting Conservatism. *Journal of Accounting Research*, Vol. 51, 2013.

[100] Altamuro, J., H. Zhang. The Financial Reporting of Fair Value Based on Managerial Inputs Versus Market Inputs: Evidence from Mortgage Servicing Rights. *Review of Accounting Studies*, Vol. 18, 2013.

[101] Ashbaugh, H., Pincus M.. Domestic Accounting Standards, International Accounting Standards, and the Predictability of Earnings, *Journal of Accounting Research*, 2001.

[102] Baggott R. Regulatory Reform in Britain: The Changing Face of Self - Regulation, *Public Administration*, Vol. 67, 1989.

[103] Balakrishnan K., R. Watts, L. Zuo. The Effect of Accounting Conservatism on Corporate Investment during the Global Financial Crisis. *Journal of Business Finance & Accounting*, Vol. 43, 2016.

[104] Baldwin Robert, Martin Cave. *Understanding Regulation: Theory Strategy, and Practice*, Oxford University Press, 1999.

[105] Ball R., Kothari P., Robin A. The Effect of International Institutional Factors on Properties of Accounting Earnings, *Journal of Accounting and Economics*, 2000.

[106] Ball, R., A. Robin, Wu J. S.. Incentives Versus Standards: Properties of Accounting Income in Four East Asian countries, *Journal of Accounting and Economics*, 2003.

[107] Barth, M. E., W. R. Landsman, Lang M. H.. International Accounting

Standards and Accounting Quality, *Journal of Accounting Research*, 2008.

[108] Benston GJ, Kaufman GG. The Appropriate Role of Bank Regulation, *The Economic Journal*, 1996.

[109] Black, J., J. Z. Chen, M. Cussatt. The Association between SFAS No. 157 Fair Value Hierarchy Information and Conditional Accounting Conservatism. *The Accounting Review*, Vol. 93, 2018.

[110] Bloom R. Conservatism in Accounting: A Reassessment. *Accounting Historians Journal*, Vol. 45, 2018.

[111] Bushman, R. M., Smith, A. J.. Financial Accounting Information and Corporate Governance. *Journal of Accounting and Economics*, 2001.

[112] Christensen, H. B., Lee E., Walker M.. Cross – Sectional Variation in the Economic Consequences of International Accounting Harmonisation: The case of Mandatory IFRS Adoption in the UK, *International Journal of Accounting*, 2007.

[113] Christensen, H. B., Lee E., Walker M.. *Incentives or Standards: What Determines Accounting Quality Changes around IFRS Adoption*? Working paper, 2008.

[114] Coase Ronald. *The Firm, the Market and the Law*, Chicago: University of Chicago Press, 1988.

[115] Cohen Daniel A., Aiyesha Dey, Thomas Z. Lys. Trends in Earnings Management and Informativeness of Earnings Announcements in the Pre – and Post – Sarbanes Oxley Periods, Working Paper, http: //ssrn. com/, 2005.

[116] Daske, H., Gebhardt G.. International Financial Reporting Standards and Experts' Perceptions of Disclosure Quality. *Abacus*, 2006.

[117] Dechow, P. M, W. Ge.. The Persistence of Earnings and Cash Flows and the Role of Special Items: Implications for the Accrual Anomaly, *Review of Accounting Studies*, 2006.

[118] DeFond Mark, Hu Xuesong, Hung Mingyi. The Impact of Mandatory IFRS Adoption on Foreign Mutual Fund Ownership: The Role of Comparability, *Journal of Accounting and Economics*, 2011.

[119] Dewing IP, Russell PO. UK Fund Managers, Audit Regulation and the NNew Accountancy Foundation, *Managerial Auditing Journal*, 2002.

[120] Edelman M. *The Symbolic Uses of Politics*, University of Illinois

Press, 1964.

[121] Fischel Easterbrook. Mandatory Disclosure and the Protection of Investor, *The Accounting Review*, Vol. 70, 1984.

[122] Glaeser, Edward L., Shleifer Andrei. A Reason for Quantity Regulation, *American Economic Review*, 2001.

[123] Globerman S, Singleton WR. Harmonization of Voluntary Disclosure Practices by Japanese Companies, *International Journal of Economics*, 2009.

[124] Goodwin John, Ahmed Kamran, Heaney Richard. The Effects of International Financial Reporting Standards on the Accounts and Accounting Quality of Australian Firms: A Retrospective Study, *Journal of Contemporary Accounting & Economics*, 2008.

[125] Holger Daske, Leuz Hail, Luzi. Christian and Rodrigo Verdi S, *Mandatory IFRS Reporting Around the World: Early Evidence on the Economic Consequences*, ECGI – Finance Working Paper, 2008.

[126] Holthausen, R. W., Watts. R. L.. The Relevance of the Value – Relevance Literature for Financial Accounting Standard Setting, *Journal of Accounting and Economics*, 2001.

[127] Horngren CT. The Marketing of Accounting Standards, *Journal of Accountancy*, Vol. 6, 1973.

[128] Jonsson, Sten. *Accounting for Improvement*. Pergamon Ltd., 1996.

[129] Kahn A. E. *The Economics of Regulation: Principles and Institutions*. John Wiley and Sons, 1970.

[130] Laughlin, R. Critical Reflections on Research Approaches: Accounting Regulation and the Regulation of Accounting, *The British Accounting Review*, Vol. 39, 2007.

[131] Leuz C. D., Wysocki P. D.. Earnings Management and Investor Protection: An International Comparison, *Journal of Financial Economics*, 2003.

[132] Marianne Ojo.. *The Role of External Auditors and International Accounting Bodies in Financial Regulation and Supervision*, Center For European Law and Politics Working Paper, 2009.

[133] Merino, Barbara D.. Financial Reporting inthe 1930s in the United States Preserving the Status Quo, *Accounting Forum*, 2003.

[134] Mertens Gerard. *The Impact of Changes in Financial Reporting Regulation on Financial Accounting Method Choice*, Working Paper, 2008.

[135] Naceur Samy Ben, Nachi Walid. Does the Tunisian Accounting Reform Improve the Value Relevance of Financial Information?, Working Paper, http: //ssrn. com, 2006.

[136] Ogus, Anthony I.. Regulation, *Economics and the Law*. 2001.

[137] Perera Hector, Ganesh Siva, Rahman Asheq Razaur. Accounting Practice Harmony, Accounting Regulation and Firm Characteristics, *Abacus*, 2002.

[138] Prather – Kinsey J.. Developing Countries Converging with Developed Country Accounting Standards: Evidence from South Africa and Mexico, *The International Journal of Accounting*, 2006.

[139] Raab RL, Feroz EH. , A Productivity Growth Accounting Approach to the Ranking of Developing and Developed Nations, *The International Journal of Accounting*, Vol. 6, 2007.

[140] Revsine, L.. The Selective Financial Misrepresentation Hypothesis, *Accounting Horizons*, 1991.

[141] Ricardo Lopes Cardoso. Accounting Regulation and Regulation of Accounting: Theories and the Brazilian Case of Convergence to IFRS, *EBAPE – FGV*, 2008.

[142] Richardson, S. A. , Sloan, R. G.. Accrual Reliability, Earnings Persistence and Stock Prices, *Journal of Accounting and Economics*, 2005.

[143] Roland Koenigsgruber. A Political Economy of Accounting Standard Setting, *Journal of Management and Governance*, 2008.

[144] Sally Gunz, Carnaghan, Carla.. Recent Changes in the Regulation of Financial Markets and Reportingin Canada, *Accounting Perspectives*, 2007.

[145] Sapovadia, Vrajlal K. *Appraisal of Accounting Standards vis – à – vis Corporate Governance Practices in Contending Potential Super Power Nations*, Working Paper, 2007.

[146] Schmidt Matthias. *Whistle Blowing Regulation and Accounting Standards Enforcement in Germany and Europe: An Economic Perspective*, Working Paper, 2003.

[147] Selznick P. *Regulatory Policy and the Social Sciences*, University of California Press, 1985.

[148] Sivakumar N. , Waymire Gregory B. . *Enforceable Accounting Rules and Income Measurement by Early 20th Century Railroads*, Working Paper, 2002.

[149] Soderstrom, N. S. , Sun, K. Jialin. IFRS Adoption and Accounting Quality: A review, *European Accounting Review*, 2007.

[150] Solomons, D. . The Politicization of Accounting, *Journal of Accountancy*, 1978.

[151] Stiglitz JE. Markets, Market Failures, and Development, *The American Economic Review*, 1989.

[152] Stocken PC, Verrecchia RE. Financial Reporting System Choice and Disclosure Management, *Accounting Review*, 2004.

[153] Stone Alan. *Regulation and Its Alternatives*, Congressional Quarterly Press, 1982.

[154] Taylor P. , Turley S. . *The Regulation of Accounting*, Basil Black Well Ltd, 1986.

[155] Watts RL, Zimmerman JL. Positive Accounting Theory: A Ten Year Perspective, *The Accounting Review*, Vol. 1, 1990.

[156] Wysocki Leuz Christian, *Economic Consequences of Financial Reporting and Disclosure Regulation: A Review and Suggestions for Future Research*, Working Paper, 2008.